참사람 됨의
인성교육

고춘식

전국교육희망네트워크 상임운영위원장

이종재

서울대학교 사범대학 교육학과 명예교수

박병구

제정구장학회 상임이사

박재순

씨알사상연구소장

신용인

제주대학교 법학전문대학원 교수

임세영

한국기술교육대학교 교수

김명수

전 경성대 신학대학장

박경미

이화여대 기독교학과 교수

참사람 됨의 인성교육

교육 불가능 시대,
행복으로 가는 인성교육을 고민하다

홍성사

■ 일러두기

2014년 4월 16일 세월호 참사가 일어난 지 약 한 달 후 '인성교육진흥법'이 발의(2014년 5월 26일)되었다.
법으로 인성교육을 강제하려는 현실에 앞서, 이 땅의 교육 현실에 문제의식을 느끼고 있던 논자들이 모여
인성교육의 방향을 논의한 결과물이 《참사람 됨의 인성교육》이다.
2015년 5월 14일 첫 모임을 시작으로 6월 26일(이종재, 신용인), 7월 29일(박재순, 김명수), 9월 21일(임세영, 박병구),
10월 19일(고춘식), 12월 4일(박경미) 총 다섯 차례에 걸쳐 발제한 내용을 정리하여 묶었다.

차 례

발제문

'인성'(人性)교육을 넘어 '인성'(仁性)교육으로
— 참다운 '인성교육'을 위하여

인성(人性), '인간의 성품'이라니? 인간을 긍정적으로 보는 것이 전제인데
인간이 긍정적이기만 한지 의심스럽다. 사람다운 사람으로 가르친다는 말이겠으나
성악설과 성선설이 있고, '인성' 자체가 정확하게 정의를 내릴 수 없는 것이라고 하니
무엇 하자는 것인지 목표가 뚜렷하지 않은 말이다. 차라리 '인성'(仁性) 교육을 하자.
'인'(仁)은 '어짊'이다. '인'(人)이 한 개인이라면 '인'(仁)은 두 사람이다.
따라서 '인'(仁)은 공동체를 의미하며, 사람과 관계 맺으면서 살아가는 지혜를
가르치자는 것이 된다.

▪ 고춘식

중앙대학교 문과대학에서 국어국문학을 전공한 후 1970년 경기도 양평군에 있는
용문중·고등학교에서 교직 생활을 시작하였다. 그 후 서울의 동일여중, 영파여고,
정의여고에서 수업을 하다 2000년 11월부터 한성여자중학교에서 교장으로 4년 남짓
지내고 다시 교사로 수업을 한 후 2009년에 정년퇴임을 하였다.
지금은 전국교육희망네트워크 상임운영위원장, 성북구 혁신교육지구 마을대표 등을 맡아
우리 교육의 민주적이고 본질적인 변화와 혁신을 위하여 함께 고민하고 있다.
저서로 시조집 《끝 모를 어둠을 파다》(두리출판사)가 있다.

인성교육! '인성이 따로 있고 교육이 따로 있는가'라는 생각을 하면서도 인성교육이란 말을 얼마나 애타게 기다렸던가? 아이들을 무한 경쟁 지옥에 몰아넣고, 상급학교로 갈수록 입시 중심의 수업을 해야 서로 마음이 놓이는 학교 현장을 생각하면 얼마나 절실하게 필요했던 인성교육인가? 사실 중·고등학교에서는 '인성교육'을 입에 담기 민망할 정도가 된 지 오래다.

무엇이 '인성'인가 정의 내리기도 쉽지 않고, 어느 정도 인성교육에 힘쓴다 해도 결실을 확인하는 것 또한 쉽지 않다. 학생들도, 학부모들도 학교에서 사람 만드는 교육을 별로 기대하지 않는다. 말하자면 '포기에 의한 평화'가 계속되는 것이다. 교사들도 수업과 업무에 바빠 '사람다움 교육'에 신경 쓸 여유가 없다.

경쟁 중독! 우리 교육의 현실을 가장 잘 표현한 말일 것이다. 입시 경쟁 중독, 취업 경쟁 중독은 교육을 처참하게 왜곡시키고 있는데다 내면화되어 있어 그 중독에서 벗어나기가 지난한 과제가 된 것이다. 교육을 통해서 내 안의 잠재력을 찾아 키워가고 바른 품성을 갖추어 더불어 지내는 능력과 지혜를 갖추자는 목소리가 있지만, '현실'을 내세운 입시 경쟁 교육 앞에 그 목소리는 너무 작고 초라하다.

이런 상황에서 법으로라도 인성교육을 강제하게 되었다니 은근히 기대를 걸었던 게 사실이다. 그러나 인성교육진흥법이 발효되고, 법의 속내가 속속 드러나면서 수많은 사람들이 우려하고 있다. 만나는 선생님들에게 인성교육 이야기를 꺼내면 대부분 대답을 피하거나 피식 웃고들한다. 현장에서는 인성교육진흥법이 어떤 기능도 하지 못하는 듯하다.

첫째, 세월호 참사 이후 교육이 달라져야 한다는 절실함에서 국회가 여야 만장일치로 입법한 것인데, 생각해 보면 이 얼마나 생뚱맞은 일인가? 아이들의 인성이 부족해서 세월호 참사가 일어났다는 논리가 되는 것이니 이런 어불성설이 어디 있는가? 어른들과 국가 시스템 문제로 어처구니없는 참사가 일어난 것인데, 이를 고스란히 교육 문제, 학생 문제로 둔갑시킨 것이다. 그야말로 참사의 원인을 교육에, 아이들에게 떠넘기는 모양새다.

둘째, 경쟁 교육 완화, 입시 제도 개선 등 인성교육이 이루어질 여건을 만들어 주거나 함께 만들어 가면서 시행해야 하는데, 전혀 달라진 것 없이 인성교육을 '하랍신다'이니 도외시되는 셈이다.

셋째, 인성교육'사업'진흥법으로 변질되고 있다. 수많은 단체가 '사업'에 뛰어들기 위해 철저한 준비를 해놓았다고도 한다. 교사들에 의해 학교에서 이루어지는 인성교육이 아니라, 외부 사람 혹은 단체가 참여해서 인성교육을 하겠다는 것이니 그 인성은 도대체 어떤 인성일까 궁금하다.

넷째, 인성교육진흥법 시행령에서 언급한 여덟 가지 핵심 가치도 문제다. 실제 교육을 위해 궁여지책으로 여덟 덕목을 강조한 것으로 보이는데, 그 덕목들이 학생 개인의 인격과 품성 고양보다 어른들 또는 이 사회가 요구하는 덕목으로만 이루어진 것이다. 국민교육헌장을 다시 읽는 기분이 들어 공감보다는 거부감이 앞선다.

예절을 지켜라 / 부모에게 효도하여라 / 정직한 사람이 되어라 / 책임 있는 사람이 되어라 / 남을 존중하라 / 남을 배려하라 / 다른 사람과 소통하라 / 다른 사람과 협동하라

모두 다 소중한 덕목임에는 틀림 없지만, 개인으로서의 '나'가 없이 이 사회가 필요로 하는 덕목으로만 채워져 있기에, 이렇게 교육을 시켰다 해도 인성교육의 완성이라 말할 수 있는지 의문이 간다.

참사람 됨의 인성교육

성찰, 상상력, 창의력, 호기심, 문제해결력, 근면, 논리력, 사고력, 인정, 감성, 공정, 지성, 의지, 시민의식, 민주정신, 자신감, 자존감, 자긍심, 개성, 공동체, 자유, 평등, 평화, 공감, 권리, 생명, 애국, 소망, 사람, 믿음, 주체성, 용기, 결단력, 주인의식, 독립심, 역동성, 인생관, 우주관, 통일의식, 역사의식, 리더십, 행복, 꿈, 끼, 명예, 중용, 자비, 헌신, 희생, 신념, 신의, 자주, 깨우침, 자기혁신, 용기, 용서, 성심, 성의, 성실, 섬김, 모심, 감사, 이해, 너그러움, 관용, 감동, 감화, 격려, 은혜, 봉사, 응시, 관조, 자긍심, 자부심, 조화, 공생, 젊음, 패기, 자립심, 침묵, 질문, 인권, 판단력, 존엄성, 회복, 영성, 성숙, 잠재력, 건강, 지혜, 교양, 미래, 나눔, 정신력, 도전정신, 경청, 자치, 자율, 겸허, 품위, 품격, 열정, 결단, 연민, 탐구, 노력, 인내, 자연애, 탐색, 수양, 수신, 수행, 수련, 베풀기 역량, 애기애타, 융합, 복합생활력….

이런 덕목들도 똑같이 중요한 것이다. 이런 덕목들의 총체가 인성일 터인데, 여덟 덕목만 강조하다 보면 나머지 덕목은 자연히 소홀하게 될 것이고, 결국 왜곡된 인성교육을 하게 될 가능성이 높다. 자칫하다가는 얼치기 인성교육이 될 수도 있다. 학생이란 단지 가르치고 변화시켜야 할 대상이라고 여기는 어른의 발상이 들어 있다.

다섯째, 정치 혐오, 정권에 대한 극도의 불신은 콩으로 메주를 쑨 대도 믿지 않는 지경까지 왔다. 국민의 신뢰를 얻지 못하기에, 정부가 주도하는 어떤 정책도 정착이 쉽지 않은 것도 심각한 문제다.

여섯째, 그렇잖아도 과중한 업무와 학생과의 관계 맺기에 어려움을 겪는 학교 선생님들은 필요성을 인식하면서도 또 하나의 '업무'요 '짐'이라는 생각이 앞서 방어적이고 나아가 냉소적이기도 하다.

일곱째, 가시적인 성과가 없을 때는 교육 당국에서 '평가'라는 회초리를 들 것이고 그것도 안 되면 내신 성적이나 입시에 반영하는 비교육적 방안을 동원할 가능성이 예상된다.

참다운 인성교육을 하려면 본질적 접근이 필요하다. 수업 과정이나 학교 생활 중에 녹아든 인성교육이 필요한데 다음 세 가지 변화가 먼저 일어나야 한다고 본다.

하나. 관점(觀點)을 바꿔야 한다. 교육을 보는 관점, 학교를 보는 관점, 교사를 보는 관점, 학부모를 보는 관점, 수업을 보는 관점 등이 달라져야 한다.

아이들을 학교의 주인으로 보아야 하고 모셔야 한다. 아이들이 주인이면 선생님들은? 그렇다. 선생님들은 주인의 '스승'이다. 주인의 스승이면 되는 것이지 더 바랄 게 무언가? 또 학급 아이들 하나하나를 30분의 1이 아닌, 30분의 30으로 보아야 한다. 아이들 하나하나가 하나의 우주요, 가장 귀한 생명이자 존엄한 존재임을 깨우치고, 그러기에 섬겨야 한다.

아이들은 인간이 되기 위해, 어른이 되기 위해 준비하는 존재가 아니라 이미 완벽한 한 인간이며 아이들 나름의 '인생'을 살아가고 있다. 그 삶을 존중해야 한다. '알파에이지' 시대라고들 한다. 아이들의 평균 수명이 120세 정도 된다는 것이다. 그렇다면 앞으로 100년 이상 살아가야 하고, 살아내야 하는 존재 아닌가. 소비자로만 120년의 삶을 채운다는 것은 참혹하다. 관객(觀客)으로, 독자(讀者)로, 시청자로, 관중으로만 100여 년을 살아간다는 것은 인생 낭비요, 생명 낭비요, 우주의 낭비가 아닌가. 아이들은 생산하고 창조하면서, 즉 삶과 생명을 누리며 주체적으로 살아갈 존재들이다.

선생님의 입장에서 학부모는 껄끄러운 존재다. 교육과 학교에 불만과 불신이 크고 바라는 것이 많다 보니 선생님을 보는 시선도 곱지만은 않다. 학부모들의 불안을 시원스럽게 씻어 주고 위로해 주는 학교 혹은 선생님이 얼마나 있겠는가? 그러니 윤기 흐르는 대화가 어렵다. 방어하고 경계하는 관계가 되고 있다.

학부모는 누구인가를 다시 생각해 보자. 학부모는 내가 가르치는 아이, 훌륭한 사람으로 키워야 할 그 아이의 부모로서, 아이를 가장 다양하고 풍부하게 아는 사람이다. 그렇기에 아이를 제대로 가르치려면 그 앎이 반드시 필요하고, 그 앎을 얻기 위해 학부모와 가슴을 연 대화를 하고 함께 고민해야 하는 존재이다. 교사와 학부모의 좋은 관계를 보는 아이들은 어른을 더 신뢰하고, 생활도 안정된다.

우리나라 교장 선생님들은 교육에서 빚을 가장 크게 진 교사다. 교육이 이렇게 신음하고 있으니 책임이 더욱 크고 빚을 졌다는 것이다. 그러나 오히려 빚을 주었다 생각하고 권위적이며 독선적으로 대하는 교장 선생님이 아직 많다. 빚을 졌다는 생각을 하면 자연스럽게 민주적 학교를 만들게 된다. 아이들을 먼저 생각하고 선생님들의 아픔과도 함께하게 된다. 섬김의 리더십이 저절로 나오는 것이다.

선생님들은 지식을 '가리키고' '가르치던' 자리에서 진실을 '깨우치는' 자리에 서야 할 것이다. 아이들과 함께 뒹굴면서 함께 살아가는 존재로 자신을 보아야 한다. 인생의 멘토가 되어야 한다는 말이다.

둘. 관심(關心)의 깊이가 달라져야 한다. 거창고등학교 교장 선생님에게 물었다. 거창고등학교가 훌륭한 학교가 된 데는 비결이 있을 것인데 그 핵심은 무엇인가라고. 선생님은 한마디로 '관심'이라고 했다. 아이들에 대한 관심! 그것이 오늘의 거창고등학교를 만들었다는 것이다.

아이들은 사랑을 먹고 자란다. 사랑이란 관심의 다른 말이기도 하다. 25년 동안 내걸었던 광화문 교보생명 외벽 글판 중에서 가장 지지를 많이 받은 글귀는 나태주 시인의 노래였다고 한다.

　　자세히 보아야 예쁘다
　　오래 보아야 사랑스럽다
　　너도 그렇다

자세히 보고 오래 보려면 관심을 가져야 한다. 관심의 질, 관심의 깊이가 중요하다. 그런데 요즘 선생님들은 바쁘다. 비명을 지를 정도로 바쁘고 아이들에게 관심을 쏟을 시간이 없다고 한다. 게다가 아이들에게 깊은 관심을 가지는 선생님들은 아이들을 도저히 감당할 수 없다는 생각에 무력감이나 자괴감을 느끼기도 하는 것이다.

셋. 관계(關係)의 질을 높여야 한다. 아이들에게 물었다. "학교가 왜 싫으냐?" 아이들이 답했다. "학교니까!"

'교육 불가능 시대'라는 말이 공공연한 현실에서 교사와 학생의 만남 구조를 바꾸어야 한다. 현재의 1년짜리 구조로는 이 고질적인 교육 문제를 해결할 수 없다. 그러다 보니 우리 교육은 제자리걸음을 하는 데에 힘을 다 빼앗기지 않는가 생각이 드는 것이다.

아이들과 관계 맺기가 어려워 담임을 서로 안 하려고 한다. 그러다 보니 학교가 담임을 억지로 맡기는 것이다. 이리하여 '1년 맡김'의 구조가 매년 반복되고 있는데 이것을 '3년 맡음'으로 바꿔야 한다. 1년이 아니라 3년이요, 맡기는 게 아니라 '내가 맡겠다' 해야 한다. 그래서 '3년 맡음'이다.

맡는다는 것은 책임을 지겠다는 것이다. 아이들의 공부, 아이들의 삶, 아이들의 미래, 아이들의 건강과 안전을 책임지겠다는 것이다. 아이들을 사랑하며 3년 동안 책임지겠다는 것이다. 이런 뜨거운 결의 속에서 만날 때 비로소 의미 있는 관계가 이루어진다.

선생님들이 이런 결단을 해야 학부모의 신뢰도 살아나고, 학생들의 기대도 살아난다. 냉소적인 이 사회도 선생님들을 새롭게 볼 것이다. 이 변화는 대단히 소중하다. 이것은 우리 교육을 근본적으로 바꾸는 에너지원이 된다. 그 에너지는 물의 온도를 섭씨 100도로 높여 진정한 변화를 이끌어 낼 것이다.

저 선생님이 좋은 선생님인가 아닌가 학생들이 아는 데 걸리는 시간은 불과 3초라는 말이 있다. 그래서 진정성 있는 교사의 마음가짐이 필요하고, 지속적인 관심과 응시가 필요한 것이다. 그것이 인격적 만남이고 거기서 참다운 가르침과 배움이 일어난다. 인성교육은 이런 관계

참사람 됨의 인성교육

속에서 모르는 사이에 이루어지는 것이다. 자연은 가르치지 않기에 가장 위대한 스승이라 하지 않았던가? 진정한 인성교육은 훈련이나 연습이 아니라, 뜨거운 관계 속에서 따뜻한 가슴과 가슴의 부딪침을 통해서 이루어지는 것이다.

인성(人性), '인간의 성품'이라니? 인간을 긍정적으로 보는 것이 전제인데 인간이 긍정적이기만 한지 의심스럽다. 사람다운 사람으로 가르친다는 말이겠으나 성악설과 성선설이 있고, '인성' 자체가 정확하게 정의를 내릴 수 없는 것이라고 하니 무엇 하자는 것인지 목표가 뚜렷하지 않은 말이다. 차라리 '인성'(仁性) 교육을 하자. '인'(仁)은 '어짊'이다. '인'(人)이 한 개인이라면 '인'(仁)은 두 사람이다. 따라서 '인'(仁)은 공동체를 의미하며, 사람과 관계 맺으면서 살아가는 지혜를 가르치자는 것이 된다.

삼인행필유아사(三人行必有我師)! 세 사람이 가면 그중에 스승 삼을 사람이 있다는 뜻이다. 세 사람이 훌륭한 사람이라는 전제가 없기에 이 말은 빛이 난다. 즉 누구나 내 스승이 될 수 있다는 것이다. 그런데 또 다른 뜻도 끄집어내고 싶다. 세 사람 중에는 '나'도 들어 있으니, 그것은 나도 다른 사람에게 스승이 될 만하다는 것 아닌가? 좀더 나아가면 나 자신도 내 스승이 된다는 것이다. 내 스승인 나, 그러니 내가 얼마나 대단한 존재인가?

인성교육! 더도 덜도 말고 내가 스승 될 만한 존재이고, 내가 스승이라는 사실만 모든 아이들이 깨우쳐도 될 듯하지 아니한가!

1

부

1장

세계 속의 한국 교육
— 글로벌 인재육성과 인성교육

교육 패러다임 변화가 필요하다. 패러다임 변화는 교육의 지향과 틀의 변화를
의미한다. 지금까지 걸어온 길이 '한 줄 세우기 교육'이었다면 앞으로 가야 할 길은
'글로벌 인재육성'의 길이라고 생각해 본다. 다음 세대가 살아가야 할 세계는
공간적으로 글로벌한 세상이다. 글로벌 세상은 사람과 지역 간 상호의존 관계에서
상호협력 관계로 가는 세계이다. 시간적 차원에서는 평생학습 시대로 이행하고 있다.
한국 교육은 이제 시간적으로 멀리 보고 공간적으로 나를 넘어서는 관계 속에서
교육의 목표와 성과를 바라보아야 할 것이다.

■ 이종재

서울대학교 사범대학에서 교육학을 전공하고, 학위 취득 이후 한국교육개발원
책임연구원을 거쳐 서울대학교 사범대학 교육학과에서 교육행정학 전공교수로 근무하여
왔고 현재는 명예교수이다. 한국교육행정학회 회장과 한국교육개발원 원장을 역임하였으며
'한국교육발전과 교육정책' 문제에 중심을 두고 일해 왔다. 주요 공·저서로
《사교육: 현상과 대응》, 《한국교육행정론》, 《한국교육60년》, 《교육정책론》 등이 있으며
한국교육발전모형에 관한 논문들을 작성하여 왔다.

1948년 대한민국 건국 이후 제정된 교육법은 교육 이념으로 '홍익인간'을 제시하였다. 또 교육의 이상으로는 '인격도야', '자주적 생활능력' 그리고 '민주시민'을 제시함으로써 홍익인간의 바탕으로 '인성'을 제시하였다. 그러나 홍익인간 이념은 멀리 있는 이상으로 여겨졌고, 교육의 실제적 목표로서 그 의미를 구현하는 데는 깊은 관심을 기울이지 못했다.

교육의 발전 단계에서 그동안 '한 줄 세우기 교육'을 했다면 이제는 '글로벌 인재육성 교육'으로 관점이 새로워져야 할 것이다. 이 관점에서 인성교육의 의미와 의의를 살펴보고자 한다. 또 글로벌 인재육성 차원에서 인성교육이 자리 잡으려면 '자기주도적 학습결과를 반영하는 입학전형'을 지원해야 함도 설명하겠다. 이 과정에서 사교육의 굴레를 극복할 가능성도 전망해 본다.

I. 한국 교육의 성취와 그림자

지난 70년 동안 우리나라 교육은 괄목할 만한 성취를 이룩하였다. 특히 초등교육의 완전취학은 순차적으로 교육기회를 확대하고 양적성장을 이룩할 수 있는 교육기틀을 확립하였다. 초등교육에서 고등교육까지 교육의 보편화를 달성하였고, 이 과정에서 교육은 경제성장과 정치적 민주화에 크게 기여하였다. 역으로 경제성장 결과 교육발전도 이룩할 수 있었다.

한국 교육의 수준을 국제적으로 평가하기가 쉽지 않다. OECD의 PISA(국제학업성취도 평가)나 PIAAC(국제성인핵심역량 평가), IEA(국제

학업성취도평가 연구)의 TIMMS 등의 자료는 한국 교육의 질적 수준을 가늠하는 단서를 제공한다. 여기서는 이러한 자료를 토대로 한국 교육의 수준과 특성을 살펴본다.

(1) 국민의 학력(學歷)수준 향상과 낮은 성인 학습역량 수준

한국 교육의 성과를 국제적으로 비교할 수 있는 국제비교 데이터를 살펴보겠다. 교육 기회의 확대로 학력(學歷)수준 격차가 축소되고, 초등교육과 중학교 교육의 여건을 개선함으로써 높은 학업성취수준이 이뤄졌다. 그러나 학습을 위한 학생들의 관심과 동기 수준은 매우 낮은 것으로 드러나 '자기주도적 학습력'이 약할 가능성이 염려된다. 우리나라 국민 전체의 학습역량은 국제적으로 중간 이하 수준을 보이고 있다. '자기주도적 학습력'은 중요한 도전 과제가 되어야 할 것으로 전망된다.

OECD의 성인역량(Adult Competency)을 조사한 PIAAC 자료는 한국 성인의 교육 수준의 향상을 보여 준다. 연령별 교육수준은 지난 70여 년간 교육기회의 확대 결과를 보여 준다. 젊은 연령대에서 한국은 최고 수준의 학력을 보인다. 연령이 낮아질수록 교육수준은 상대적으로 높은 경향을 보인다. 평균 교육수준도 높은 편이다.

그러나 성인의 정보처리 역량(IPS: Information Processing Skills)을 보여 주는 문해력, 수리력, 정보화 사회에서의 문제해결 역량에서 한국은 평균 이하의 수준을 보인다(그림 1 참조). 연령이 올라갈수록 정보처리 역량 점수는 낮아진다. 한국은 연령별 격차가 가장 크다. 우리나라의 경우 성인의 문제해결 능력은 삶의 과정에서 성장하지 못한다. 핀란드, 노르웨이, 스웨덴 등 북유럽 강소국가와 일본은 연령이 증가할수록 문제해결 능력이 향상하는데 한국은 오히려 감소하는 경향을 보인다. 자기주도적 학습력에 문제가 있다고 추정된다. 학습역량, 즉 학습력이 약하고 학습에 노력을 하지 않는다는 의미도 내포한다.

참사람 됨의 인성교육

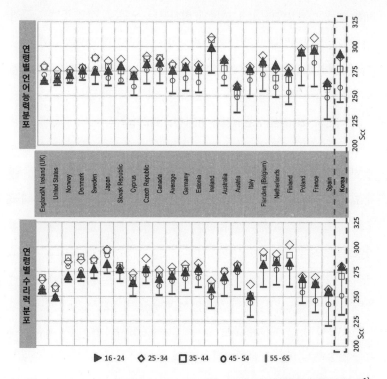

(그림 1) 연령별 문해 및 수리 능력[1]

1_ OECD Skills Outlook 2013: First Result from The Survey of Adult Skills. OECD Publishing.

(2) 15세 기준 한국 학생의 높은 학력(學力) 수준

PISA는 15세 학생(우리나라 중3, 고1에 해당)들의 읽기, 수학능력, 과학탐구, 문제해결 능력 등의 수준을 알려 준다. 몇 가지 특징이 있다. 2012년의 PISA 국제성적비교를 보면 한국 학생의 수학과 읽기 성적은 OECD 34개 국가 중 최고 수준이었다. 우리나라는 읽기 1위, 수학 2위, 과학 8위였는데 미국은 20위 수준이었다. 한국 학생의 우수한 성적은 2000년 이후 PISA 성적이 공개되면서 계속 이어지는 현상이다. PISA에서 가장 우수한 성적을 보인 나라는 핀란드였다.

PISA의 성적 공개는 공교육 신뢰도와 국격 인상을 개선한다. 핀란드는 PISA 성적 공개 이후에 우리나라의 평준화 제도와 비슷한 '9년제 종합 기초교육 체제'(9년제 Peruskoulu)에 대한 논란을 가라앉히고 평등

지향 정책을 안정화하였다. 한국과 싱가포르는 PISA 성적 공개로 국격 이미지가 향상되었다고 평가받는다. 세계은행은 PISA 성적 공개 이후 한국의 교육발전 사례를 많은 개도국에 새로운 교육발전 모형으로 소개하기 시작하였다. 우리나라의 특성 몇 가지는 다음과 같다.

먼저 학교 간 학업성취 수준 격차는 상대적으로 적은 것으로 나타난다. TIMMS 수학 성적(2011)에서 학업성취도 변량 중 학교 간 차이에 의한 부분은 미국이 57.5%인데 우리나라의 경우는 9.0%이다. 중학교와 고등학교에서의 학교 간 평균 성적 차이는 우리나라가 상대적으로 적다는 의미로 해석된다. 우리나라의 평등지향 공교육 정책의 성과이다.

또 우리나라는 학업성취 수준에서 일정 수준에 미달하는 낙후자 비율이 낮다. PISA 2012 수학 성적에서 낙후자 비율은 9.1%로 일본, 핀란드보다 낮다. OECD 평균은 23.6%, 미국은 25.8%에 이른다. 최상위 그룹에 속하는 비율은 우리나라가 제일 높다.

학업성취에 미치는 가정의 영향도 적은 국가에 속한다. PISA 2012 읽기 성적에서 가정 배경 영향은 핀란드와 비슷한 수준이다. 소득 하위 25%에서 성적 상위 25%에 해당하는 성취를 보이는 학생 비율을 소득제약 조건을 극복하는 '회복탄력성'이라고 볼 때, 한국은 12.7%로 일본(11.3%), 핀란드(8.1%)보다 높다. 미국은 5.2%이며 OECD 평균은 6.4%이다.

그러나 우리나라는 높은 성적 순위에도 불구하고 학습 흥미, 학습 동기, 자신감에서 조사 참여 국가 중 거의 최하위 수준에 있다. 2003년과 2006년의 PISA 수학, 과학 평가에서 한국은 각 40개 참여국과 57개 참여국 중에서 38위, 53위였다. 학습에 대한 '마음의 근력'이 약하다고 평가된다. 외재적 학습 동기, 타율적 학습, 입시경쟁형 학습 유형과 관련이 있을 것이다.

참사람 됨의 인성교육

(3) 입학 경쟁의 공정성 확립과 사교육 영향

우리나라 공교육은 입학 경쟁에서 시험을 통한 선발의 공정성을 확립하였다. 교육 공정성 확립은 중요한 성취이다. 시험 성적을 기준으로 학생을 선발하는 입학시험 제도는 빛과 그림자를 포함한다. 시험에 의한 수학능력을 평가하는 '능력주의 평가 관점'은 능력주의에 따른 교육기회 배분의 효율과 평가의 공정성을 세웠다. 그러나 시험을 통한 선발의 공정성은 입시 교육이라는 부작용을 낳았다. 입시 교육의 그늘에서 과외와 사교육이 자리를 잡았다. 표면적 효율성과 공정성의 그림자에 사교육이 자리잡고 있다. 사교육의 영향력이 클수록 능력주의 평가의 공정성은 훼손된다.

사교육은 한국에서만 볼 수 있는 현상이 아니다. PISA 2012년 자료에 의하면 한국의 사교육 참여율은 상위 7위에 해당한다. 인도네시아, 베트남, 말레이시아, 그리스, 알바니아 정도가 우리보다 사교육 참여율이 높다. 단, 15세 기준 학원수강 시간은 한국이 가장 크다. 한국의 사교육은 '공교육에 연계된 그림자 교육'(shadow education)이라는 특징이 있다. 사교육의 내용은 공교육 시험에 대비하는 교수와 학습이다. 학습 보완을 위한 보충학습형(supplementary private tutoring)보다는 공교육 시험 경쟁을 위한 것이다. 학생의 관심과 시간을 점유한다는 점에서 사교육은 공교육과 경쟁 관계에 있다. 때로는 공교육을 압도하기도 한다.

한국, 중국 상하이 지역, 홍콩에서는 성적 우수자의 사교육 참여율이 가장 높다. 한국은 전형적으로 공교육에 연계된 시험경쟁형 사교육의 특성을 보인다. 이러한 이유로 한국 학생의 높은 PISA 성적에는 사교육의 영향이 있을 것으로 추정된다. 일본과 독일은 공교육 강화가 성적을 높인 것으로 분석되었다. 한국 학생의 성적과 문화적 활동 참여 관계는 부정적으로 제일 크다. 즉 성적이 우수할수록 문화 활동에 참여하지 않는다는 뜻이 된다. 사교육의 교육적 기회상실 비용이 크다는 의미이다.

사교육 효과를 검토해야 한다. 사교육의 사회적 공익 효과는 적을 것으로 추정된다. 입시 경쟁에서 사교육의 개인적 효과에 대한 신뢰가 사교육 수요를 유지하고 있다. 사교육의 사회적 공익 효과가 적을 경우에 사교육은 사회적으로 고비용－저효과, 높은 기회비용을 안고 있는 교육 학습 활동으로 볼 수 있다. 나아가 교육의 기회 불균등 요인이 된다고도 볼 수 있다. 정부의 사교육 정책은 평준화 정책에서 직접적 규제로 갔다가 2000년대 이후로는 공교육을 내실화하고 국가가 교육 약자에게 사교육을 다양한 형태로 제공하는 방향으로 대처하고 있다.

2. 교육의 새 패러다임을 찾아서

교육 패러다임 변화가 필요하다. 패러다임 변화는 교육의 지향과 틀의 변화를 의미한다. 지금까지 걸어온 길이 '한 줄 세우기 교육'이었다면 앞으로 가야 할 길은 '글로벌 인재육성'의 길이라고 생각해 본다. 다음 세대가 살아가야 할 세계는 공간적으로 글로벌한 세상이다. 글로벌 세상은 사람과 지역 간 상호의존 관계에서 상호협력 관계로 가는 세계이다. 시간적 차원에서는 평생학습 시대로 이행하고 있다. 한국 교육은 이제 시간적으로 멀리 보고 공간적으로 나를 넘어서는 관계 속에서 교육의 목표와 성과를 바라보아야 할 것이다. 이러한 관점에서 교육 관점을 '글로벌 인재육성' 모형으로 생각할 수 있다.

(1) 장기적 관점에서 인재육성 추구

교육에 대한 새로운 문제 제기는 참다운 학업성취 목표를 재정립하고 이를 위해 학교혁신을 요구한다. 참다운 학업성취로서 단기적인 시험 성적이나 학력(學歷) 취득보다도 글로벌 인재로서의 역량과 성품을 지닌 존재로의 성장을 추구한다. 소수 학생에 국한하지 않고 이러한 성취를 모든 학생이 이룰 수 있도록 돕는 학교를 추구한다. 학교는 이 사명을 감당할 수 있도록 변화하여야 한다.

글로벌 인재는 사람의 품격을 지닌 인성의 바탕 위에서 창의력과 전문성을 발휘하고 공공의 가치와 공익을 추구하며 협력적으로 일할 수 있는 역량과 성품을 말한다. 이러한 인재육성을 위하여 전인교육의 중요성이 다시 강조된다. 교육의 중심에 학생을 놓고 교육의 성과를 추구한다. 자기주도적 학습역량을 계발하고 학습의 동기를 큰 뜻과 연결하여 공부하는 동기와 마음의 계발을 추구한다.

(2) 학습의 중심은 학생

스스로 공부하는 과정에서 자기주도적 학습의 기쁨과 가치를 경험할 수 있어야 한다. 이유와 가치, 관심을 가지고 공부할 수 있도록 도움을 받아야 한다. 공부하고 싶은 것, 잘하는 것과 '좋은 것' 혹은 가치 있는 것과 연결함으로서 공부의 이유를 찾아보는 공부를 해볼 수 있어야 한다. 나를 넘어서는 더 높고 큰 곳에 뜻을 두고 공부함으로써 뜻을 세우는 입지(立志) 공부를 할 수 있다. 좋은 일(good works)에 대한 생각은 이 과정에서 시작한다. 공부해야 하는 이유로서 '공부하여 남 주자'라는 생각으로 '빚진 자'로서 쓰임받는 통로가 되는 '보람'을 탐구하는 공부가 필요하다.

(3) 참다운 학업 성취를 지향하는 학교혁신 추진

학교는 전인교육의 토대 위에서 학생 개개인의 역량을 개발하는 개성교육을 지향하는 학업성취를 지향해야 할 것이다. 이를 위하여 가르치고 배우는 곳이 학교이다. 학교가 그 역할을 더 잘할 수 있도록 새롭게 하는 것이 학교혁신이다. 학교혁신은 그 중심을 학생과 학습에 두어야 할 것이다. 이 점에서 초등교육의 충실한 기초교육과 중학교의 다양한 진로안내 교육의 토대 위에서 고등학교 교육부터는 깊이 있는 학습을 경험할 수 있는 프로그램을 다양화하고 특화할 수 있어야 할 것이다. 현 입시경쟁 상황에서 학교혁신 추진은 대단히 어려운 과제이다. 학교혁신은 입시위주 교육, 시험경쟁을 위한 학습, 학교교육의 획일화를 극복하고 수준 높은 개성과 특색을 지닌 프로그램으로 학교유형 간의 서열화를 완화하고 수평적 다양화를 촉진할 수 있을 것이다. 학교가 참된 학업성취를 이룩할 수 있을 때 공교육은 사교육의 도전에 대응할 수 있을 것이다.

(4) 교육기회의 질적 다양화를 위한 학교운영체제의 혁신

교육의 질적 다양화와 개성화는 학교운영의 자율과 내적 책무성을 요구한다. 자율적으로 스스로 탐구하고 노력할 수 있어야 하고 그 결과에 책임을 질 수 있어야 한다. 학교 스스로의 책임의식이 있어야 한다. 책임의식이 있기 위해서는 그 일에 대한 전문적 헌신과 전문적 식견, 자율결정권과 주인의식이 있어야 한다.

행정적 규제와 통제, 외부 심사로 질을 평가하는 체제에서는 다양화와 책무성에 한계가 있다. 정부가 교육 성과를 내기 위한 주인이 되고 지방교육청, 지역교육청, 학교와 대학 등 모든 교육기관은 그 대리인이 되는 이른바 '주인—대리인' 관계에서는 행정통제와 평가기준에 대응하는 획일화와 외적 책무성이 강화되기 쉽다. 교육행정 기관과 학교의 관계가 새롭게 정립되어 수직적 상하통제 관계보다 수평적 협력관계가 되어야 할 것이다. 여기에는 상호신뢰와 존중, 상호협력하는 동반자 관계가 요구된다. 이것이 가능하려면 협치형 행정체제(governance)가 구축되어야 할 것이다.

(5) 교육약자 배려와 차등적 지원

경제사회의 양극화 추세에서 교육복지는 교육약자 배려와 지원을 기대한다. 교육약자는 학업성취에 어려움을 겪는다. 교육취약 계층이 존재한다. 학업성취 곤란자, 장애학생, 다문화가정, 탈북자 가정, 학교

소외 학생, 왕따와 학교폭력피해 학생, 학업중단 학생이 있다. 취약조
건을 극복하지 못하는 학생이 교육약자가 된다. 교육약자에 대한 배려
와 지원이 교육기회 균등의 중요한 과제이다. 학업중단은 교육의 보호
와 지원을 벗어나는 교육단절로 이어진다. 우리 교육에서 교육평등의
관점은 능력주의를 넘어서 학습공동체 안에서 뒤쳐진 학생을 우선 배
려하고 지원하는 것을 지향해야 할 것이다. 학습공동체 안에서 모두가
학업성취를 이룰 수 있도록 동행하는 정신이 이 시대 교육평등을 이끄
는 관점이 되어야 할 것이다. 이러한 관점의 차이를 표로 정리하면 다
음과 같다.

	한 줄 세우기 교육	글로벌 인재육성
교육의 목적과 성과	단기적 성과 추구	장기적 성과 추구
	학력(學歷)	인품
	성적	글로벌 인재 위한 학습경험
교육의 중심	학교와 교사 중심	학생 중심
	주입식 수업	자기주도적 학습
학습동기	외재적(보상)	내재적(학습의 의미)
	세속적 가치	좋은 일(good works)을 찾아서
	'공부해서 남 주나?'	'공부해서 남 주자'
교육의 특성	획일화	개성교육과 교육의 다양화
	선발된 학생	모든 학생을 위한 교육
	선발중시: 옥과 석에서 옥을 구별함	'옥석' 혼합체에서 옥을 드러냄
	주지교육	전인교육
	경쟁교육/개인중심/ 실력경쟁	협력학습/공동체/ 배려/동행

학교운영	타율/하향식	자율/상향식
	학교의 수직적 서열화	학교의 수평적 다양화
	수직적 위계와 통제	수평적 네트워크/협치

3. 글로벌 인재육성

(1) 글로벌 인재의 핵심요인

글로벌 인재육성은 다음 세대 교육을 생각하는 관점이다. 21세기를 살아가야 할 다음 세대가 갖추어야 할 사람의 품격으로서 성품의 조건을 생각한다. 글로벌 인재육성에 대하여 여러 가지 모형이 제시되어 왔다. 인재를 구성하는 핵심 요인으로 '인성', '전문성과 전문적 역량', '자기주도적 학습력', '창의력', '공공의식' 다섯 가지를 지적한다.

그동안 전문성만을 강조하여 왔으나 이제는 창의력이 요구되고 자기주도적 학습력이 제기된다. 이러한 창의력과 전문적 역량은 인성의 토대 위에서 형성됨을 인식하게 되었다. 인재의 폭과 그릇이 커져야 함도 인식하게 되었다. 좁은 전문성에서 융합형 전문성으로, 여기에 창의력을 발휘해야 하고 학습력으로 평생학습 사회를 지속적으로 헤쳐 나가야 한다. 이 위에 나를 넘어서는 공공 문제를 내 문제로 삼을 줄 아는 공공의식이 있어야 한다. 인성의 바탕 위에서 전문성과 창의력과 학습력의 기둥을 세우고, 이 위에 공공의식으로 길을 내는 철로를 상징하는 '공(工) 자형' 인재육성 모형[2]은 한동대학교의 교육모형이기도 하다.

정범모 교수는 창의력과 공공의식을 발휘하는 것이 선진국으로 들어가는 요건이 된다고 지적하였다.[3] 나를 넘어 남에게 가는 관심의 파문이 공의식(公意識)이 된다. 나를 넘어서는 '타인'에 대한 관심을 내면화하고 그 관심이 타인에게 이르도록 드러내는 외향화를 공공의식이라고 할 수 있고 '교양'이라고도 할 수 있다. 나와 남이 상호의존적 관계에서

2_ 김영길, 《공부해서 남 주자》, 비전과리더십, 2016, 151면.

3_ 정범모, 《창의력과 공의식: 선진국의 요건》, 학지사, 2016.

참사람 됨의 인성교육

서로 떨어질 수 없는 불이(不二)의 개체라는 인식이 타인에 대한 배려, 존중, 감사의 토대가 된다. 이러한 인식에서 타인과의 관계에서 겸손함을 이루고 협력 관계를 형성할 수 있다. 이 공공의식은 나로부터 시작하여 세계 문제까지 생각하는 세계시민 의식으로 전개된다. 개인을 뜻하는 단어 'individual'은 'in-dividable' 즉 떨어질 수 없다는 존재의 의미가 있다고 한다.

(2) 인성의 중요성

OECD는 앞으로 시대를 살아갈 핵심역량으로 전문적 역량뿐 아니라 협력하는 '관계역량'과 '긍정적 자기인식'[4]을 설정하였다. 하워드 가드너는 '다중지능론'(multiple intelligences)을 제시하여 인간역량에 관한 관점의 폭을 넓혔고 전인교육의 중요성을 강조하였다. 다중지능론은 그동안 학교교육에서 전통적으로 강조하여 왔던 논리-수리적 '지능'에서 독립한, 자율적 지능의 영역을 제시하였다. 여기서 제시된 여덟 지능 유형은 음악지능, 신체운동지능, 논리-수리적 지능, 언어지능, 시각-공간지능, 대인지능, 자기이해지능(Intrapersonal Intelligence) 등이다.[5] 지능의 잠재능력은 개인마다 다양하다. 지능의 조합에 따른 인간의 잠재적 가능성은 무한대에 이를 것이다. 이것은 인간의 개인차와 개성의 가능성을 시사한다. 학업성취는 획일적 기준에 따른 논리-수리적 학업성취보다는 개성 있는 지능의 계발을 의미한다.

다중지능론은 개성의 존재와 다양성을 말할 뿐만 아니라 인성지능으로 불릴 수 있는 대인지능, 자기이해지능의 중요성을 드러낸다. 특히 '자기이해지능'은 자신의 생각과 느낌, 감정을 파악하고 통제하는 역할을 한다. 자기이해 지능은 다른 다중지능을 통합하고 작동하도록 이끄는 촉매 기능을 수행한다. 자기이해지능은 자기 인식과 자아정체성을 형성한다. 타인을 이해하고 배려하며 역지사지하는 대인지능과 자기인식과 자기통제를 할 수 있는 자기이해지능은 가히 인성지능이라

4_ D. S. Rychen and L. H. Salganik (eds.) Key competencies for a successful life and a well-functioning society, OECD, (2003)

5_ Howard Gardner, Multiple Intelligences, Basic Books, 2006.

고 할 만하다.

전인교육은 인성지능과 창의성, 공공의식의 계발하는 교육의 기초가 된다. 전인교육은 지적영역, 정적영역 그리고 의지영역의 성장과 발달을 추구한다. 이 과정에서 역량을 발휘하는 성품을 계발한다. 전인교육은 21세기 교육의 성취 목표를 달성하는 기초로서 그 중요성이 강조되고 있다. 전인계발은 교육이 추구하는 학업성취의 이상(理想)이다.

살아가는 과정에서 사람은 수많은 역경과 시련을 만나게 된다. 역경과 시련은 삶의 조건이며 과제이기도 하다. 이 역경과 시련을 잘 감당하여 극복하는 사람이 있고, 작은 시련에도 좌절하는 사람이 있다. 민족에 따라서 이 시련과 역경을 이겨내는 민족이 있고 시련을 만나 역사의 무대에서 사라지는 민족도 있다. 김주환 교수는 '인생의 허들을 뛰어넘는 내면의 힘' 또는 '역경을 극복하는 마음의 근력'에 주목하고 이 성품을 회복탄력성으로 정의한다.[6] 긍정적으로 자신을 이해하고 자기를 조절하는 능력이 회복탄력성의 첫 번째 요소가 된다. 회복탄력성의 두 번째 능력은 대인관계 능력이다. 자기조절 능력과 대인관계 능력의 중요성을 학습 과제에 포함해야 한다. 인성교육은 회복탄력성을 결정한다.

가정환경의 역경을 극복하여 높은 학업성취를 이루어 내는 비율을 회복탄력성을 나타내는 측정치로 볼 때, 한국 학생들의 회복탄력성은 높은 것으로 조사되었다. PISA 자료를 분석한 연구에 따르면 가정의 경제환경이 하위 25% 집단에 속하는 학생 중 성적 상위 25% 집단으로 올라온 비율은 한국 12.7%인 반면 일본과 핀란드는 11.3%, 8.1%였다. 미국은 5.2%에 불과하였다. 경제 선진국들과 비교할 때 한국 사회와 한국 학생은 회복탄력성이 상대적으로 높은 것으로 추정된다.

OECD는 21세기에 요구되는 핵심역량을 탐구하고 그 결과를 제시한 바 있다(DeSeCo project: Definition and Selection of Key Competencies). 여기서 21세기 선진 미래사회에서 요구되는 핵심적인 역량은 세 범주로 구분된다. '자기에 대한 주체적 이해능력', '타인과 협동적으로

6_ 김주환, 《회복탄력성》, 위즈덤하우스, 2011.

참사람 됨의 인성교육

일할 수 있는 대인관계 능력', '과제를 전문적으로 수행할 수 있는 전문적 지적역량'이 그것이다. 경제적 측면을 중시하는 OECD의 교육정책으로 보아 가장 중요한 역량으로 과제를 전문적으로 수행할 수 있는 지적 전문역량을 제시할 것이라는 상식적인 기대와는 달리 '자기에 대한 주체적 이해능력'과 '타인과 협동적으로 일할 수 있는 대인관계 능력'을 주요한 역량 범주로 함께 제시하였다. 자기에 대한 긍정적 이해능력과 타인과 협동적으로 일할 수 있는 대인관계 능력은 전인교육의 토대에서 형성되는 역량이다. OECD는 전인교육의 토대 위에서 형성되는 '성품'을 21세기를 준비하는 중요한 역량이라고 보았다.

4. 인성교육의 길과 조건

(1) 종교적 차원

인성교육 혹은 성품이 계발되는 길에는 몇 가지 수준이 있는 것 같다. 종교적 차원도 있고, 삶에서의 인성교육이 있으며, 가정에서의 인성교육도 있다. 지식을 통한 학교의 주지적 교육도 있고 예절교육도 있다. 인성교육이 쉽지 않다. 입시교육에 밀려서 가정이나 학교에서 인성교육은 자리를 잡기가 대단히 어려운 형편이다.

'인성이 무엇인가?' '인성은 어떻게 형성되는가?' 이 질문에 대한 답이 인성교육에 대한 생각을 결정할 것이다. 이 문제를 여기서 직접 논의하지는 않는다. 그러나 전제할 중요한 사항이 있다. 현용수 교수는《유대인의 인성교육》[7]에서 '도덕적 인격'을 형성하는 내면적 성품을 인성으로 규정하였다. 도덕적이라고 할 때 '도'와 '덕'을 떼어서 생각해야 종교적 관점이 드러날 것으로 본다. 그 도(道)의 자리에 하나님의 말씀과 율법을 놓았다. 이 관점은 인성과 인성교육에 관한 전형적인 종교적 관점을 나타낸다. 그 도(道)가 드러난 것이 덕(德)이고 이 덕이 드러난 것이 성품이다. 유대인들은 신앙에 터한 성품 형성을 인성교육의 목표로 삼

7_ 현용수. 《유대인의 인성교육》. 도서출판 쉐마, 2006.

는다. 선민신앙에 터한 종교교육과 훈련이 세대와 세대를 이어가는 유대인의 '수직적 전승문화'가 되었고, 이것이 유대인의 인성교육 모형이 되었다. 수직적 전승문화를 통하여 세대 간 격차를 줄이고 유대인의 동질성을 유지하여왔다.

유대인들은 개인주의, 물질주의, 쾌락주의, 과학만능주의가 주도하는 세상 가치보다는 하나님의 뜻을 구하고, 율법의 규례를 따르는 데서 인성교육의 바탕을 세웠다. 그들의 인성교육은 그들의 삶을 통하여 진실함과 온전함, 예의 바름, 정직, 침착, 친절, 좋은 말씨(clean speech)를 통한 자기통제의 인성훈련을 강화하였다. 그들의 인성은 종교적 삶에서 다듬어진다. 그러나 믿음이 성품으로 드러나지 못하고 외양에 집착할 때 율법주의에 빠지게 된다.

이것은 유교도 마찬가지라고 생각한다.《중용》첫머리에 천명(天命)을 성(性)이라 하고 성을 따르는 것을 도(道)라 하고 도를 닦는 것을 교(敎)라 한다고 하였다. 하늘의 뜻을 따르는 도가 드러나는 것이 유교에서 보는 인성이다. 종교적 관점으로 인성을 보면 인성의 바탕에 덕이 있어야 하고 그 덕의 바탕에 도가 있어야 한다. 또 인의예지신(仁義禮智信)의 유교 덕목의 바탕에 천명을 따르는 중용의 마음이 있어야 한다고 보았다. 그 마음을 충(忠)과 서(恕)로 본 것이다. 충(忠)은 우리의 마음이 천명에 적중하여 천명을 지향하는 마음의 지향이고, 서(恕)는 나를 넘어서 그 방향으로 가는 그 마음(如心)을 말한다고 생각한다.

다석 유영모 선생님은 마음의 지향에 따른 우리의 상태를 얼나와 제나로 표현하였다. 나 중심으로 세상 가치를 지향하는 우리를 '자아의 나', 즉 '제나'로 보았다면 충과 서를 지향하는 얼이 자리잡은 나를 얼이 있는 나, 즉 '얼나'로 보았다. 제나가 육(肉)의 씨앗이라면, 얼나는 얼이 담긴 씨앗으로서 '씨알'로 이해할 수 있을 것이다. 그 중심 없이 겉모양으로 예와 의를 구할 때 그 예는 '겉치레'가 된다. 종교적 차원의 인성 계발은 어렵다. 그러나 그렇게 계발된 인성의 힘은 죽음도 초월한다.

참사람 됨의 인성교육

(2) 인성교육론

조벽 교수는 인성을 '더불어 함께 살아가는 속성'으로 보고,[8] 큰 뜻을 향하여 나를 넘어서는 마음, 나와 타자와의 관계에서 역지사지하고, 배려하고, 남을 위하는 성품을 인성으로 규정한다. 그는 인성교육론을 '삼율육행론'(三律六行論)으로 정리했는데 의미 있는 논리체계라고 생각한다. 인성이 세워지기 위해서는 세 가지 범주에서 조율이 되어야 하고 그 조율의 과제가 여섯 가지 행동이다. 세 가지 조율의 범주는 '자기조율', '관계조율', '공익조율'로 설정하였다. 대의와의 연결에서 대의는 '큰 뜻' 혹은 '명분' 혹은 '하늘의 뜻', '깨달음', '선생님의 훈계', '부모님의 가르침', '친구의 조언' 이 모든 것들이 포함될 수 있다.

삼율육행론은 자기조율에서 자율과 합리, 관계조율에서 긍정과 감정 코칭, 공익조율에서 입지와 베풂을 과제로 설정하고 있다. 이것을 약간 조정하여 자기조율에서 '자제와 긍정적 자기인식', 관계조율에서 '타인에 대한 배려와 베풂', 공익조율에서 '뜻을 세움(입지)과 쓰임'으로 그 의미를 규정하여 생각해 본다.

인성의 핵심은 조절능력이다. 이 조절능력은 '큰 뜻', '관점', '생각'과 이것을 향하여 나아가게 하는 에너지이다. 이 에너지를 감성이라고 한다. 감성은 'emotion'인데 'e-motion', 즉 움직이게 하는 힘의 의미가 있다. 꿈과 끼를 말하는데 꿈이 큰 뜻을 지향한다면 끼는 이 에너지를 말한다. 인성이 이렇게 자기통제에서 자제와 긍정으로, 이웃과의 관계에서 배려와 베풂으로, 큰 뜻과의 연결에서 뜻을 세움(입지)과 쓰임으로 조율될 때 인성은 21세기를 살아갈 글로벌 인재의 모습이 된다. 이러한 관점에서 '인성이 실력'이라고 할 만하다. 인성이 진정 참다운 실력이 되는 세상으로 가고 있다. 이것이 없이 표면적인 행동 덕목만 강조해서는 그 인성교육은 지속적인 힘을 발휘하기 어려울 것이다.

자기조절 능력과 대인관계 능력을 기르는 인성은 회복탄력성을 키워 준다. 우리의 삶에서 등장하는 역경과 시련을 극복해 나갈 수 있는 마음

8_ 조벽, 《인성이 실력이다》, 해냄, 2016.

의 근력을 키워 준다. 마음의 조절능력이 인성을 결정한다. 마음의 눈이 뜻, 생각, 관점이 된다. 여기에 감성의 추진력을 연결해야 한다. 이것이 인성교육을 보는 전략적 관점이다. 인성은 마음의 관점이다. 이 관점에 따라서 나를 조절하고 나와 이웃과의 관계를 조절하고 나와 뜻과의 관계를 조율한다. 이 마음의 품격이 인성이고 성품이 된다. 이 성품으로 나에 대한 신뢰와 긍정적 이해, 자율적이자 자기주도적으로 일을 추진할 수 있는 힘을 얻는다. 성품은 삶을 이끌어 가는 힘의 원천이 되기도 하고 꿈을 품는 그릇이 되기도 한다.

(3) 인성교육의 조건

인성교육을 위한 중요한 조건을 생각해 본다. 무엇보다도 교육을 보는 관점이 달라져야 하고 새로운 교육적 관계가 이루어져야 한다. 인성교육을 하려면 교육과 학습이 이루어지는 가정과 학교에서 뜻과 나를 조율하는 힘을 길러 주어야 한다. 이 세계는 신묘막측한 세계이기도 하여 간단한 정석이나 정설을 제기하기가 어렵다. 그저 성심으로 나아가는 수밖에 없다. 보살핌과 양육, 어진 가르침, 학생의 자기주도적 학습, 독서 그리고 뜻을 세울 수 있는 공부가 필요하다.

하나. 우리의 가정교육은 전통적으로 '삼대교육'(三代敎育)이었다. 삶을 통한 부모의 가르침이다. 어머니의 사랑과 돌봄, 아버지의 가르침과 격려, 조부모의 지혜와 삶의 가치에 대한 가르침이 조화되었다. 오늘날 핵가족 현상에서 가정교육의 지평이 짧아졌다. 가정에서의 삶의 과정을 통하여 경험하는 사랑, 격려, 배려, 보살핌, 존중, 신뢰는 감성을 계발하는 중요한 자양분이 된다. 삼대교육의 문화를 조부의 경제력, 엄마의 정보력, 아빠의 무관심으로 조합하는 경쟁교육 전략으로 대체할 수는 없다. 문제 행동의 가장 큰 원인은 가정환경에서 온다.

둘. 정서지능, 즉 EQ는 감성지능(Emotional Intelligence)으로서 자기 감정 상태를 읽고 통제할 수 있는 능력이다. 감성지능은 충동을 자

참사람 됨의 인성교육

제하는 능력, 동기부여 능력, 타인과 감정을 공감하는 능력, 인간관계를 조성하는 능력이 된다. EQ의 양과 질을 높일 수 있도록 노력해야 한다. 이 과정이 인성교육의 가장 중요한 과정이다. 여기에 많은 제안이 있다. 태교부터 시작하여 모유수유, 스킨십, 자연 속에서의 양육, 신앙교육, 3대 대가족양육, 또래 놀이, 다양한 집단활동, 연극-예술활동 등 제안의 목록이 길다. 사람마다 개인차가 있어 효과적인 정석과 정설을 말하기 어렵다. 가히 신묘막측의 세계처럼 보인다. 그러나 정서지능이 성장할 수 있는 자양분을 제공해 주어야 한다. 이것은 가정과 학교에서의 사랑과 정성 그리고 여기에 인정과 격려와 도움을 주는 것이다, 아동과 학생들을 비교하여 차별하기보다는 학생을 목적으로 삼고 대하는 관점과 관심이 필요하다.

셋. 감정을 다루는 공부를 해야 한다. 감정이 주인노릇을 하지 않도록 감정을 조절하는 공부를 할 필요가 있다. 마음을 살펴서 나를 휘감아 오는 감정에 초점을 맞추고 그 감정의 정체를 살피는 공부의 기회가 필요하다. 감정이야 늘 일어날 수 있지만 감정에 이끌려 행동해서는 안 됨을 알아야 한다. 감정과 행동 사이에 뜻을 넣어서 자기의 감정을 통제할 수 있는 마음 공부가 필요하다.[9]

9_ 조벽, 위의 책, 220면.

넷. 공부의 즐거움과 기쁨, 보람을 경험할 기회가 필요하다. 관점이 바뀌면 생각이 달라지고 생각이 달라지면 방법도 달라진다. 교육의 중심을 학습에 두고 학습의 주인이 되는 학생에 주목할 때 적합한 교육의 모습은 달라진다. 요즘 논의되는 '거꾸로 학교'(fleep school)나 PBL(project-based learning) 등은 관점을 바꿀 때 보이는 새로운 접근 방법이다. 스스로 공부하는 경험이 필요하다. 무엇을 만들어 보는 구성적 공부가 필요하다. 자기주도적으로 학습하고, 공부 그 자체를 즐겁게 받아들이는 공부의 습관 형성이 중요하다. 학습의 내재적 동기와 공부하는 분명한 이유를 세울 수 있어야 한다. 공부하는 마음을 공부해야 한다. 이 과정에서 독서는 매우 중요하다. 책 읽기는 수많은 스승을 만나는 길이다.

　다섯. 놀이와 학교 동아리활동의 중요성에 주목할 필요가 있다. 학생은 놀이를 통하여 배우고 동아리활동을 통하여 교과에서 배울 수 없는 다양한 학습을 한다. 예술 활동과 운동을 통하여 공동생활을 배우고 지도성을 배우고 협력과 공정한 경쟁을 학습한다. 예술 활동을 통하여 창의력을 배양한다. 이러한 학습활동의 가능성을 학교 교육에서 살려가야 한다. 자리가 사람을 만든다. 세상에서의 자리는 한정되어 있으나 아이들의 놀이와 학생의 동아리활동에서는 수많은 지도자 역할을 경험하는 기회를 줄 수 있다. 놀이가 중요하다. 하버드 대학교에서 학생을 선발할 때 무엇인가 해본 경험을 중시하는 데에는 이유가 있다.

　여섯. 뜻을 세울 수 있는 '뜻'에 대한 공부가 필요하다. 유대인의 수직적 전승문화나 유교의 가르침, 인문교양이나 가치관 교육이 필요하다. 덕목이 되는 행동으로 인도하는 큰 뜻에 대한 공부가 필요하다. 종교의 가르침뿐 아니라 '인생관'이나 '삶의 가치관'도 성품을 형성하는 데 중요한 역할을 한다. 학생들은 어떤 이야기에 어떤 감동을 받을지 모른다. 그들의 마음을 움직일 수 있다고 생각하면 좋은 뜻을 담은 이야기를 많이 듣도록 해주어야 한다. "아버지께선 '주는 게 받는 것'이라고 믿으셨다. 돈만 보고 왔다면 오늘의 성심당은 없었을 것이다"라는 대전에 있는 빵집 성심당(聖心堂) 이야기는 감동을 준다.[10] 뜻은 소박할지라도 사람을 세우고, 기업의 문화를 바꾸고 직원의 마음을 이끈다.

　'나는 빚진 자'[11]라는 인식도 새로운 자리로 인도한다. 삶의 길, 역사의 길, 학문의 길, 일의 길의 끝자락에 서 있는 빚진 자로서 자기를 보는 인식은 받은 은혜를 바라보며 겸손하게 하고 감사와 기쁨의 자리로 인도할 것이다. 뜻을 세우는 뜻에 대한 공부는 인성, 전문성, 창의성, 공공의식의 공(工) 자형의 글로벌 인재육성모형에 '소명의 뜻'을 추가하여 입(立) 자형의 글로벌 인재육성 과제를 제시한다. 이때 글로벌 인재는 이해와 공감을 토대로 자발적으로 사람들을 끌어들이는 매력을 보일 것

10_ 〈중앙일보〉, 2016년 3월 26일자, '박정호의 사람풍경'

11_ 롬 1:14, 한동대학교 내 어느 기도실에 걸려 있는 문구이다.

참사람 됨의 인성교육

이다. 이보다 중요한 교육의 성취가 어디 있을까 생각한다.

5. 인성교육과 학부모의 선택

성적경쟁, 시험준비 교육, 입시를 준비하는 경쟁교육의 와중에서 이러한 인성교육을 위한 학습과 교육이 자리를 잡기가 매우 어렵다. 인성교육이 자리 잡을 공간이 너무도 좁다. 우리 교육이 입시교육과 경쟁교육으로 가는 데에는 학부모의 어쩔 수 없는 선택도 작용한다. 학부모가 변화를 선택할 가능성을 지원해 주어야 할 때이다. 자녀교육을 바라보는 학부모의 관점 변화와 선택이 필요하다. 자녀교육에 대한 학부모와 부모의 관점을 대변하는 공익광고가 우리의 마음에 울림을 던진다.

부모는 멀리 보라 하고
학부모는 앞만 보라 합니다.

부모는 함께 가라 하고
학부모는 앞서가라 합니다.

부모는 꿈을 꾸라 하고
학부모는 꿈꿀 시간을 주지 않습니다.

학부모와 부모는 교육을 보는 시선의 길이가 다르다. 부모는 멀리 보라 하고 학부모는 앞만 보라 한다. 부모는 사람 됨을 바라본다면 학부모는 학교 성적과 대학입학을 결정하는 시험성적만을 생각한다. 학부모는 성적경쟁에서 앞서가라 하고 부모는 함께 가라고 한다. 부모는 경쟁보다는 협력과 약자에 대한 돌봄과 배려를 하는 동행(同行)을 말하고, 학부모는 선행학습 전략을 준비한다. 부모는 꿈을 가지라 하고 소명과 사명, 비전과 쓰임 받는 삶을 말하나 학부모는 그러한 꿈을 꿀 시간조자 주지 않는다고 말한다.

(1) 학부모의 관점

학부모는 자녀들이 세상에서 성공하기를 바란다. 우리 사회는 현대사회로 이행하는 과정에서 세습과 정실, 부당한 차별을 졸업하였다. 실력에 따른 차별만을 정의롭다고 인정한다. 그 실력을 일단 학력(學歷)과 학력(學力)으로 간접평가할 수 있다고 믿는다. 우리 사회는 실력주의를 지향하면서 학력주의 사회로 진입하였다. 좋은 학력을 얻기 위한 경쟁에서 '시험에 의한 평가'가 공정한 평가로 인정받았다. 학력주의, 시험성적 경쟁, 입시위주 교육은 이러한 사회적 배경에서 등장하였다.

학부모는 대학입학 시험경쟁에서 앞서가는 것을 가장 중요한 교육의 성취로 간주하게 되었다. 그래서 학부모가 교육을 보는 시선은 그리 길지 않다. 근시안적 관점을 가진 것이다. 좋은 대학에 입학하려면 입학경쟁력이 있는 고등학교에 입학해야 하고, 이 고등학교에 입학하려면 중학교 때부터 준비를 해야 하고, 초등학교에서도 선행학습을 통하여 중요한 준비를 미리 마쳐야 한다고 생각한다. 선행학습을 위해서는 소문난 사교육에 의존하여야 한다고 생각한다.

사교육에 의존하는 선행학습, 시험을 준비하는 문제풀이 학습, 입학시험을 위한 경쟁학습 과정에서 얻는 편익보다도 잃는 기회비용이 너무 크다. 사교육에 들어가는 직접적 경비뿐 아니라 해야 할 교육과 학습을 하지 못하는 기회상실 비용은 추정하기 어려운 수준이다. 가정에서 가정교육을 위한 시간이 사라졌다. 부모교육의 자리가 위축되었다. 학생들은 놀 시간이 줄었고 자기주도적 학습을 할 시간이 없어졌다. 대학에 입학해서도 스펙을 쌓아야 하고 졸업 이후에는 대졸 취업난에 직면하게 된다. 스펙 종류도 증가하여 이제는 9종 세트가 되었다고 자조한다. 학습의 깊이가 얕아졌고 폭이 너무나 좁아졌다.

어떤 삶을 어떻게 살아갈까 고민하기보다 일류대 입학을 목표로 삼는다. 세상적 성공을 위하여 가장 중요한 요인인 학벌과 학력을 구축하려 전략적 선택을 한다. 수단이 목적을 가린 것이다. 왜 공부해야 하는지 생각하기도 전에 경쟁하고, 뒤쳐지지 않기 위하여 울며 겨자 먹기로 따라가야 한다. 소명과 사명을 생각해 보는 시간과 공간이 너무 좁아졌다. 좋은 일을 향하는 마음의 감동이 작아졌다.

(2) 자기주도적 학습을 존중하는 대학입학 전형 추진

부모의 길은 이 글에서 말하는 글로벌 인재육성을 생각하는 길이라고 생각한다. 부모의 길을 바라지 않는 학부모는 없을 것이다. 학부모가 부모의 길을 선택할 수 있도록 지원하는 교육정책과 제도운영이 필요하다. 교육의 새로운 패러다임을 찾아가는 '글로벌 인재육성' 모형이 이 길을 제시한다고 생각한다. 특히 교육의 새로운 패러다임을 찾아가는 다음 세 가지 과제는 교육의 변화와 학부모의 교육적 선택을 지원하는 핵심 과제가 될 것으로 기대된다.

그 세 가지 과제는 첫째, 참다운 학업성취를 지향하는 글로벌 인재육성 방향과 이를 위한 학교 혁신, 둘째, 자기주도적 학습을 존중하는 대학입학 전형의 추진, 셋째, 학교의 변화와 책무성을 존중하는 협치형 교육행정이다.

동경대부속고등학교의 학생활동 프로그램은 몇 가지 특성이 있다. 이 학교는 동경 시내에 사는 학부모가 자녀를 첫 번째로 보내고 싶어 하는 학교이다. 그럼에도 이 학교는 동경대에 입학자를 내지 않는 학교로도 유명하다. 이 학교 출신들은 동경대 입학시험을 준비하는 대신 자기들 나름으로 멋지게 공부하고 자기들을 받아 주는 대학으로 진학한다. 이 학교는 자기주도적 학습과 이를 반영하는 대학입학 전형의 가능성을 보여 준다.

10여 년 전 이 학교를 방문한 적이 있는데 그때가 10월 둘째 주였다.

이 기간은 학예발표 기간이다. 학교 전체가 수업을 하지 않고, 지난 학기와 방학 동안 학생들이 자기주도적으로 만든 공부 결과를 발표하는 기간이다. 1학년은 8명씩 조를 짜서 조별로 학습과제를 정하여 같이 연구하고 작업한 결과를 포스터 16면(포스터 8개 활용함)에 걸쳐 그 결과를 제시한다. '한국의 역사'를 연구한 조도 있고, 농촌마을의 삶을 연구한 조도 있었다. 2학년은 반별 대항 운동경기를 한다. 탁구, 배구, 축구, 농구 등으로 한 학기 동안 대항대회를 전개하여 이 기간 동안 결승을 하는 모양이었다. 학교가 시끌벅적했다. 3학년은 개인별로 연구한 논문을 반 별로 책상 위에 게시하였디. 언뜻 보니 '노령화 사회에서의 노인복지 문제', '동경만의 습지 생태에 관한 관찰', '일본 어느 작가의 작품세계에 대한 생각' 등으로 주제가 다양했다. A4 용지로 60여 쪽에 이르렀다. 참고문헌도 충실하게 정리해서 공을 들여 연구하고 공부한 모습을 볼 수 있었다.

이 학생들은 학습동아리 활동을 통하여 공동생활을 공부한다. 함께 일하고 공부하는 것을 공부한다. 운동경기를 통하여 규칙과 헌신, 자기희생 정신도 공부할 것이다. 논문을 써보면서 깊이 있는 공부도 하고 이 과정에서 창의력도 기르고 탐구의 기쁨도 맛볼 것이다. 이 3년의 과정에서 형성되는 학습 성취는 시험성적을 뛰어넘는다. 이들은 이렇게 자기가 주도적으로 공부한 것을 '학습이력목록'(Learning portfolio)으로 정리해서 학교와 교사의 추천서와 함께 대학으로 보내고 대학은 이것을 검토하여 자기 대학에서 초빙하고 싶은 학생을 초빙한다. 선발이 아니라 초빙하는 자세이다.

이 예는 우리가 입시교육을 극복할 가능성, 대학입학 전형제도 운영의 새로운 모습, 학부모의 선택 그리고 사교육을 극복할 가능성 등을 생각하게 한다. 향후 15년 안에 학생 인구가 400만 명 줄어들 것으로 추정된다. 이 규모는 현재 전체 학생 인구의 3분의 1에 해당한다. 교육부는 학생 인구 감소에 대하여 대학 입학정원 축소를 중심으로 대학 구조조정을 검토하고 있다. 이 기간 동안 대학 입학전형을 변화시킬 좋은 제도적 유인을 마련할 수 있을 것이다.

대학은 사교육 없이 자기주도적 학습에 전념한 고등학생들을 선발하는 특별전형으로서 '자기주도적 학습전형'을 확대할 필요가 있다. 고교는 학생의 역량개발을 도와주는 다양하고, 질적으로 우수하며, 경쟁력 있는 심층학습을 지향하는 자기주도 학습과정을 계발하도록 지원하고, 자기주도적 학습전형을 확대시행하는 대학에 재정지원을 확대함으로써 변화를 제도화할 수 있다. 최근 정부가 지원하는 '공교육정상화지원전형'을 확대하여 추진할 수도 있을 것이다. 고교와 대학 간에 협력체제를 만들어서 자기주도적 학습과정을 운영하는 고등학교를 인증하고 이 결과를 입학전형에 반영하는 '고교인증제' 등 필요한 과제를 추진할 수 있을 것이다. 이 긴 변화와 혁신의 여정에서 우리 교육이 사교육의 굴레를 벗어날 가능성도 생각할 수 있다.

2장

우리 청소년의 현실
— 몸·맘·얼과 인성교육

태어나면서부터 죽을 때까지 변화무쌍한 현대문명 시대에 이렇게 행복하게 살다가
생을 마칠 수 있도록 하는 인성교육의 핵심은 무엇일까? 10년 후를 예측할 수 없는
변화 속, 사멸하고 생성되는 모든 것 가운데에서도 동서고금을 막론하고
변하지 않는 인간의 본질이 있다. 바로 몸, 맘, 얼(정신)이다. 남녀노소를 불문하고
생애에서 가장 중요한 것이 몸, 맘, 얼이다. 세상 어떤 것도 몸, 맘, 얼을 대체할 수가
없고 그것을 능가하는 것도 없다. 몸, 맘, 얼(정신), 이 세 가지가 인간 존재의
핵심이며 몸, 맘, 얼의 건강에 따라 삶의 질과 행복이 좌우된다.
이것을 건강하게 유지하는 노력을 배움이 가장 중요한 교육이라 할 수 있다.

▪ 박병구

천주교도시빈민회에서 고(故) 제정구 선생과 함께 철거민 운동을 하며 산동네 아이들을
만났다. 제정구 선생이 돌아가신 후 예수회에서 운영하는 약물중독 청소년시설에서
약물중독 청소년들과 5년을 함께 살았다. 이후 제정구장학회의 사무국장으로 근무하며
꿈이 있는 청소년들을 뒤에서 지원하면서 아이들의 아픔도 보고, 희망도 보았다.
제정구장학회에서 설립한 초록세상지역아동센터를 운영하면서 가난한 아이들의 친구가
되고자 했고 시흥시청소년활동진흥센터의 센터장으로서 청소년들을 뒷바라지하였다.
돌이켜 보면 청소년들에게 많은 미안함과 부끄러움이 앞선다. 현재는 시골의 자그마한
노인요양원에서 사회복지사로 일하면서 노인분들과 함께 제2의 인생을 살고 있다.

한 아이가 있다. 이름은 준형(가명)이. 현재 중3이다. 준형이는 할머니랑 산다. 엄마는 준형이를 낳고 바로 가출하여 준형이는 엄마 얼굴을 보지 못했다. 준형이의 아빠는 알콜중독자였다. 아빠는 준형이에게는 무서운 존재였다. 술을 먹으면 할머니와 준형이에게 욕설을 하고 특히 준형이를 폭행했다. 보다 못한 할머니가 준형이가 여섯 살 때 아빠를 내쫓았다고 한다. 내쫓았는지 스스로 나갔는지 확실하지 않지만 준형이는 아빠의 폭력에서 해방될 수 있었다. 보살핌을 잘 받지 못하면서 준형이는 학교생활에서 뒤쳐질 수밖에 없었다. 학교 준비물을 잘 챙기지 못하고, 성적은 자꾸 떨어지고, 또래 아이들은 준형이를 '거지'라고 놀리기도 했다. 키가 작고 신체 발육이 더딘 준형이는 아이들에게 만만하게 보였고 또래로부터 왕따가 되기 시작했다. 준형이를 돌보던 할머니는 준형이가 중학교 2학년 때 쓰러지셨다. 폐지를 주우면서 손자 뒷바라지를 하던 할머니가 아프게 되자 멀리 지방에 사는 딸이 준형 아빠에게 연락하여 "엄마 힘들게 하지 말고 네 새끼는 네가 데려가라"고 욕설을 하며 아이를 데려가 키울 것을 요구했다. 준형 아빠도 화가 나서 준형이를 데려가겠다고 했다. 준형이는 아빠에게 가는 것이 싫었지만 달리 방법이 없었다. 이때부터 준형이의 일탈은 시작되었다. 아빠를 따라 전학을 간다는 핑계로 학교에 가지 않는 날이 많았고 피시방에 하루 종일 있기도 했다. 용돈이 떨어지면 피시방 갈 돈을 달라고 할머니에게 달려들었다. 때로는 할머니에게 칼을 들고 협박도 하였다. 담임 선생님도 준형이 문제에 개입하는 것을 싫어하였다. 곧 전학 갈 아이라는 것이다. 하지만 아빠는 준형이를 데려가지 않았다. 차일피일 미루다 다섯 달이 지나서야 데려갔다. 하지만 준형이는 다른 학교로 전학을 간 것이 아니었다. 아빠는 단지 자기 생활 근거지로 준형이를 데려갔을 뿐이었다. 준형 아빠가 생활하면서 봐주고 있는 친구네 당구장이었다. 그곳에서 준형이는 당구장 청소도 하고 계산도 하고 잔심부름을 하였다. 한 달 만에 준형이는 다시 할머니 집으로 왔다. 아빠에게 알리지 않고 온 것이다. 처음에는 학교도 가지 않고 당구장 일을 하는 것이 좋아 보였지만 한 달 정도 생활하자 친구도 없는 그곳이 지겨워졌던 것이다. 준형이는 다시 학교에 다니고는 있지만 여전히 꿈과 희망이 없고 그냥 갈 곳이 없어 학교를 다니고 있다. 최근에 할머니가 많이 아프시다. 준형이는 할머니가 걱정되기는 하지만 이런 상황에 자기도 짜증이 난다. 그 분노를 친구들에게 돌리며 점점 걷잡을 수 없는 난폭한 아이로 성장하고 있다.

이웃에 있는 아이 이야기다. 드문 경우라고 할 수도 있지만 실제 우리 사회에는 준형이와 같은 열악한 조건의 아이들이 많이 있다. 갈수록 해체 가정이 늘어나고 가출하는 청소년, 학교를 떠나는 청소년이 증가하고 있다. 가정이나 학교처럼 아이들을 보호하고 육성해야 할 장소가 아이들에게는 또 다른 스트레스의 장으로 작용한다. 청소년 한 명 한 명이 소중한 이때에 준형이와 같이 열악한 조건에 처한 청소년이 많다는 것은 우리 사회의 미래를 더욱 암울하게 한다. 이들 청소년들에게 가장 필요한 것은 교육 이전에 돌봄이고 안정된 성장 환경일 것이다. 또한 무엇보다 준형이에게 맞는 교육 내용이 필요하다. 준형이뿐만 아니라 대한민국 청소년들이 올바른 인성과 가치관을 가지고 자기 삶을 희망적 · 주체적으로 꾸려갈 수 있는 인성교육이 필요하다. 입시교육이 아닌 올바른 인성교육만이 준형이와 같은 형편의 아이들이 난관을 뚫고 주체

참사람 됨의 인성교육

적으로 서도록 돕기 때문이다.

인성교육은 보편적으로 청소년 모두에게 맞아야 하지만 특히 가장 어려운 조건의 아이들에게 기준을 맞추어야 한다. 그러할 때 그 사회가 안전하게 가기 때문이다. 준형이뿐 아니라 지금 청소년들은 극심한 정신적 방황을 겪고 있다. 청소년기를 벗어나면 '삼포세대'(연애, 결혼, 출산 포기), '오포세대'(연애, 결혼, 출산, 인간관계, 집 포기), '칠포세대'(연애, 결혼, 출산, 인간관계, 집, 꿈, 희망 포기) 등 청년들 스스로 표현하는 앞날이 기다리고 있다.

이러한 현실 앞에서 어떤 인성교육이 필요한가? 그 인성교육은 어떻게 이 땅의 청소년들에게 와 닿도록 구성되어야 하며, 그 인성교육을 통해 불안정한 미래를 청소년들 자신의 주체적인 힘으로 극복할 의지를 가지게 할 것인가? 궁극적으로는 아이들이 각자의 삶을 행복하게 완성시켜 나갈 힘과 에너지를 스스로 가지도록 돕는 것이 중요하다. 인성교육은 예절을 가르치고 사회에서 요구하는 준법정신을 요구하는 차원이 되어서는 안 된다. 보다 근본적인 참 인간화 교육, 생명교육이 되어야 하며 철학과 사상을 토대로 한 교육이 되어야 한다.

청소년의 현실

인성교육을 어떻게 보든 오늘날 청소년들이 어떤 현실에 처해 있으며, 또 이 현실을 어떻게 생각하고 있고, 어떻게 극복해 나가려 하는지 청소년의 생각을 살펴볼 필요가 있다. 여성가족부와 통계청은 《2014 청소년 백서》를 통해 청소년 의식 결과를 조사하였다. 백서를 통해 간단하나마 중요한 청소년들의 문제를 짚어볼 수 있다. 다음은 실태조사를 통해 드러난 청소년들의 현실과 생각이다.

현실 1—결혼관

청소년의 절반 이상이 '남녀가 결혼을 하지 않아도 함께 살 수 있다'고 생각해 미혼 동거에 개방적 견해를 보였다. 결혼을 해야 한다고 생각하는 여자 청소년은 전체의 절반 이하였고, 결혼에 대한 부정적 의견은 남성 청소년에 비해 여성 청소년이 큰 편이었다.

현실 2 — 스트레스

가정과 학교에서 스트레스를 받는 청소년 비율은 61.4%였다. 가정 40.6%, 학교 62.1%로 학교생활의 스트레스가 더 높았다. 여자 청소년의 학교생활 스트레스는 69.6%로 남학생(55.2%)보다 높은 것으로 나타났다. 2명 중 1명 이상은 가정과 학교를 안정적으로 여기지 않는다.

현실 3 — 음주 및 흡연

중고등학생의 9.2%는 흡연, 16.7%는 음주를 하고 있는 것으로 조사됐다. "남학생의 14%가 흡연자이며 이 중 7.5%는 매일 흡연을 한다. 고3 남학생 흡연 비율은 성인 남성의 절반 비율인 24.5%. 학생들의 음주 실태도 위험하여 16.7%가 술을 마신다. 남학생 1회 평균 소주 5잔, 여학생 3잔, 위험음주자의 수준을 넘는 학생이 7.9%로 나타난다"(2014년 청소년건강행태온라인조사 — 교육부, 질병관리본부).

현실 4 — 사망 원인

2012년 9~24세 청소년의 사망 원인으로 '자살'이 가장 많았으며 이어 '운수사고', '암' 등의 순이었다. 청소년 10명 중 1명(11.2%)은 지난 1년 동안 자살하고 싶다는 생각을 한 번이라도 해본 적이 있는 것으로 나타났다. 자살 이유는 13~19세 청소년은 '성적 및 진학문제' 39.2%, '가정불화' 16.9%, '경제적 어려움' 16.7% 등의 순이었다. 20~24세 청소년은 '경제적 어려움' 27.6%, '직장문제' 8.7%, '외로움·고독' 17.1%

참사람 됨의 인성교육

순을 보였다.

현실 5 — 학교생활의 만족도

2012년 중·고등·대학생의 절반은 학교생활에 만족하지 못하고 있었다. '전반적인 학교생활에 대해 만족한다'는 응답은 46.1%에 그쳤다. 만족도를 보면 '교사(교수)와의 관계' 44.8%, '교육 내용' 41.2%, '교육 방법' 35.0% 등이었다. '교우관계'는 67.5%였다. 학년이 올라갈수록 학교생활 만족도는 떨어졌다. '교육 내용'과 '교육 방법'은 고등학생의 만족도가 가장 떨어졌다.

현실 6 — 비만율

여학생 비만율은 상대적으로 더 증가했다. 남학생은 13.7%에서 16.87%, 여학생은 9.5%에서 13.95%로 늘었다. 비만율은 특히 여학생들에게 과도한 다이어트를 조장해 몸과 마음에 깊은 상처를 남긴다.

현실 7 — 청소년 감소

청소년 인구가 감소하고 있다. 2014년 총인구 중 청소년(청소년 기본법에 의한 9~24세)은 10명 중 2명인 것으로 나타났다. 1978년 10명 중 4명 가까이 차지했던 청소년 인구수가 급감한 것이다. 특히 저출산·고령화 현상이 가속화되면서 오는 2060년에는 10명 중 1명으로 떨어질 것이라는 전망이 나와 대책이 시급해 보인다(《2014 청소년백서》 — 여성가족부, 통계청).

청소년백서에서도 드러나지만 우리 아이들은 극심한 학업 스트레스와 가정 내 스트레스를 받고 있다. 학교와 가정이 청소년들에게 안전한 곳이 아니다. 무엇보다 결혼을 포기한 청년, 결혼할 의사가 없는 청소년이 늘어나고 있다는 것도 문제이다. 음주와 흡연 문제, 패스트푸드 등으로 인한 청소년 비만 등 건강 문제도 심각하다. 이런 조건에서 청소년들의 자살률 또한 부끄럽게도 세계 1위이다. 참으로 불행한 조건에서 살아가는 아이들이다.

앞으로는 '100세 인생'이라고 한다. 그 인생을 살아가는 데 있어서 가장 중요한 것은 순간순간의 현실이다. 미래를 위해 현재의 고통을 받아들이라고 하지만 현재를 충실하게, 행복하게 살지 않고서는 장밋빛 미래는 사기이거나 위선일 뿐이다. 살아가는 삶의 여정에서 순간순간의 현실을 행복하게 가꿀 수 있는 인간의 통찰은 어릴 때의 학습과 경험에 크게 좌우된다. 인간은 태어나서 경험을 통한 학습을 하기 시작하는데 그 경험과 학습이 몸과 마음에 무의식적으로 깊이 인식되는 어린 나이일수록 학습효과가 높게 나타난다. 심지어 태어나기 전 경험이 태어난 이후의 삶에 깊은 영향을 끼친다는 보고도 있다. 사람 그리고 자연 생명체들과 공존하면서 하루하루, 자연스럽게 생을 마칠 때까지 행복하게 산다는 꿈은 현실에서 불가능할까? 불가능한 꿈은 아닐 것이다. 나, 인간, 사회, 생명을 이해하고 몸의 건강, 마음의 건강을 지키면서 일을 통해 자기를 실현하는 삶은 주체적 노력으로 가능하다. 태어난 것을 감사하면서 편안하게 눈감을 수 있는 마지막 순간은 개인의 노력과 그러한 가치를 소중히 여기는 사회의 도움으로 실현 가능하다. 이러한 지혜를 가진 인간은 생을 행복하게 살 수 있고 또 이러한 사람들과 더불어 살아갈 수 있는 사회야말로 아름다운 사회일 것이다. 인성교육의 목표는 이러한 개인, 이러한 사회이다.

태어나면서부터 죽을 때까지 변화무쌍한 현대문명 시대에 이렇게 행복하게 살다가 생을 마칠 수 있도록 하는 인성교육의 핵심은 무엇일까? 10년 후를 예측할 수 없는 변화 속, 사멸하고 생성되는 모든 것 가운데에서도 동서고금을 막론하고 변하지 않는 인간의 본질이 있다. 바로 몸, 맘, 얼(정신)이다. 남녀노소를 불문하고 생애에서 가장 중요한 것이 몸, 맘, 얼이다. 세상 어떤 것도 몸, 맘, 얼을 대체할 수가 없고 그것을 능가하는 것도 없다. 몸, 맘, 얼(정신), 이 세 가지가 인간 존재의 핵심이며 몸, 맘, 얼의 건강에 따라 삶의 질과 행복이 좌우된다. 이것을 건강하게 유지하는 노력을 배움이 가장 중요한 교육이라 할 수 있다. 몸, 맘, 얼이 건강하다면 열악한 조건에서도 주체적인 힘으로 자기 삶을 실현할 근원적 힘과 용기를 얻는다.

그러나 몸, 맘, 얼의 건강이 한 인간의 개별적 영역이라 하더라도 사회와 동떨어지면 결코 건강을 유지할 수가 없다. 개체의 몸, 맘, 얼은 전체 사회의 정치, 경제, 사회, 문화와 유기적으로 연관되고, 이 유기적 연관 속에서 개체의 주체성이 전체성과 하나 될 때 몸, 맘, 얼이 온전하다. 전체 사회가 아프면 개체의 몸, 맘, 얼이 아프게 마련이고 개체의 몸, 맘, 얼이 아프면 전체 사회가 아플 수밖에 없다. 인성교육은 개체의 삶이 전체 사회와의 조화 속에서 최대한 행복하도록 주체적 조건과 객관적 조건을 사회 속에서 스스로 만들어 나가도록 도와야 한다.

몸의 인성교육

첫째로 몸이 성해야 한다. 건강한 신체에 건강한 정신이 깃든다는 말이 있듯이 살아 있는 생명체라면 몸이 아플 때 힘들고 고통스럽다. 아무리 능력이 탁월한 사람이라 하더라도 몸이 아프면 고통을 참아내고 극복하는 데 온통 마음이 빼앗긴다. 건강을 잃어 본 사람이 건강의 소중함을 안다. 돈을 잃으면 조금 잃는 것이요, 명예를 잃으면 많이 잃는 것이요, 건강을 잃으면 전부를 잃는다는 말이 괜히 있는 것이 아니다.

몸이 건강하지 못하면 자연히 마음도 약해진다. 특히 청소년기는 마음보다 몸이 더욱 성숙하는 시기인데 이 시기에 신체 발육을 해치거나 건강을 해치는 생활습관—과도한 학습으로 인한 운동부족, 장시간 바르지 못하게 앉은 자세, 인스턴트 음식이나 패스트푸드 등 나쁜 식습관—은 각종 질환을 불러온다.

인성교육의 첫 번째로 청소년기에 몸을 잘 알고, 잘 돌보고, 잘 다스리는 것이 중요함을 가르쳐야 한다. 한번 건강이 무너지면 건강을 회복하는 데 많은 노력과 시간과 비용이 들고 자신감이 떨어지게 된다. 회복된다고 하더라도 원래대로 돌아가는 것이 어렵다. 육체란 기계와 달리 새 부품을 갈아 끼울 수 없다. 후유증은 어떤 양태로든지 몸과 마음에 남는다. 따라서 건강이 얼마나 소중한지, 건강을 왜 지켜야 하는지, 건강을 지키려면 어떻게 해야 하는지 교육 커리큘럼이, 몸에 익히는 과정이 필요하다.

청소년들은 몸에 거의 신경을 쓰지 못하고 있다. 성형과 화장, 문신 등으로 나타나는 껍데기에 치중할 뿐 내면적 아름다움과 몸의 소중함을 도외시한다. 왜곡된 미에 대한 선전, 인간의 몸을 상품으로 인식하는 사회, 외모를 통한 차별 등이 사회에 깊이 배어 있어 이 땅의 청소년들은 왜곡된 문화를 비판의식 없이 추종하면서 사랑처럼 몸을 학대하고 있다.

몸이야말로 모든 생명체의 현실 조건 중 1차적 조건이다. 살아 있다면 누구도 몸에서 자유로울 수가 없다. 어떻게 하면 어릴 때부터 몸을 소중하게 생각하도록 도울까. 좋은 방법은 신체활동이다. 신체활동으로 몸의 쓰임새를 다양하게 알게 하면 자연히 몸의 소중함을 일아차린다. 아이들은 가만히 놔두면 알아서 신체활동을 활발히 한다. 이것을 조기 학습 등 강제로 시키려 하니 문제가 일어난다. 아동기 때부터 놀이를 통해 몸을 사용하면 도움이 된다. 또한 체육 시간은 아이들이 적극적으로 신체활동을 하는 시간이다. 특히 성장통 등 여러 형태의 아픔은 청소년들이 몸에 대해 생각하는 기회이다.

몸의 소중함을 알았다면 몸을 유지하고 관리해야 한다. 생활 습관이 되어야 한다. 인간의 몸은 내장 기관과 근, 골격으로 구성되어 있다. 이들의 유연함과 굳건함을 돕는 중요한 요인은 음식, 운동, 수면과 바른 자세 그리고 호흡이다.

참사람 됨의 인성교육

청소년기에 건강한 음식을 규칙적으로 섭취하는 것은 신체 발달에 필수이다. 음식으로 몸은 나날이 성장하고, 운동을 통해 건강한 근, 골격이 형성된다. 수면 역시 청소년기 건강의 척도이다. 10대라면 8.5~9.5시간은 자야 한다. 그러나 과중한 학습, 도시의 밤 문화, 용돈을 벌기 위한 아르바이트 때문에 많은 청소년이 만성 수면 부족에 시달린다. 이것은 정상적인 인지 및 학습 활동을 방해한다. 기억력 감퇴와 집중력 저하, 순간 멍한 상태가 되는 긴장성 두통 역시 만성 수면 부족과 연관 있다. 성격이 나빠지고 학교에서 비행을 저지르는 원인이 되기도 하고 흥분제 사용의 원인이 되기도 한다. 불안, 우울, 성장 장애, 비만 등 정신적·신체적 문제를 일으키기도 한다. 다른 나라에 비해 심한 수면 부족을 겪는 아이들이 한국의 10대이다. 고학년으로 갈수록 상황은 심각하다. 10대 사망 요인 중 첫 번째인 자살에도 수면 부족이 원인으로 작용한다.

또한 바르지 못한 자세는 청소년의 몸을 해친다. 바르지 못한 자세 때문에 척추 및 골반의 균형이 무너지고 허리, 어깨, 목에 디스크를 초래한다. 결국 몸이 비틀어져 전반적인 건강 상태를 위협한다. 스마트폰의 보급으로 척추 측만이 오고 일자목이 된 청소년이 증가하고 있다. 바르지 못한 자세는 결국 내장 기관 손상까지 초래한다. 의자에 앉아 장시간 웅크리고 있으면 폐와 심장의 운동을 제한하여 각종 내분비 기관 장애가 일어난다. 성장기에는 근력보다 유연성과 민첩성을 기르는 것이 중요한데 유연성과 민첩성은 바른 자세로 관절의 활동성을 키울 때 생긴다.

마지막으로, 청소년기 건강 유지에 호흡이 중요하다. 가급적 입으로 쉬지 말고 코로 쉬는 습관을 들여야 한다. 코로 숨을 쉬면 자연히 숨이 깊어지는데 산소량이 증가하면서 두뇌 활동이 활발해지고 폐는 물론 위장을 비롯한 소화 기관과 타 신체 기관 활성화에 큰 도움이 된다. 또한 신진대사가 잘되고 심장이 자극되어 구석구석까지 피가 잘 돈다. 긴장을 하면 호흡이 짧아지고 가빠지지만 편안한 상태에서의 호흡은 길고 안정적으로 바뀐다. 긴장되거나 불안할 때 호흡을 의도적으로 길게 하면 몸이 편안해지며 스트레스 해소에 도움이 된다. 심호흡을 자주 하고, 바른 자세로 코 호흡을 일상화하는 것이 건강에 중요하다.

몸의 건강함을 스스로 지켜내는 청소년이 되려면 청소년들에게 맞는 '몸성히' 커리큘럼이 정리되어 몸에 관심을 가지고, 몸을 잘 알고, 몸이 성장하고 유지되도록 도와야 한다. 음주, 흡연, 마약, 게임 등 유해한 생활에서 벗어나야 한다. 몸만큼 정직한 것이 없다. 몸은 우리 생활을 정직하게 보여 준다.

무예는 몸을 통한 인성교육에 아주 중요하다. 경험적으로 꾸준히 무예를 익힌 아이는 신체적으로 확연히 다르다. 무예를 익힌 아이의 몸은 가벼우며 날렵하고 탄력적이다. 신체적 자신감은 매사에 적극적 성격을 형성하고 또래 친구들과도 잘 어울리는 계기가 된다. 지도력, 약한 친구 배려, 궂은일에 팔 걷어부치고 나서는 태도 등도 형성된다. 무예 수련을 통해 이루어지는 인성교육의 한 단면이다. 운동하기를 싫어하고 몸이 약한 아이일수록 겁이 많고 안전에 대한 욕구가 강한 경향이 크다. 몸을 보호해야 하기에 항시 불안해하거나 거짓말로 안전을 확보하려 하고 걱정을 미리미리 하기도 한다.

이른바 논다는 아이들이 자기네끼리 길가에서 장난을 치고 있는데 그 앞을 지나가야 한다고 하자. 자신감이 있는 아이는 아무렇지 않게 그 앞을 지나간다. 그리고 실제 아무 일도 일어나지 않는다. 놀고 있는 아이들은 자기네 놀이에 빠져 전혀 신경을 쓰지 않는다. 하지만 자신감이 없는 아이는 깡패처럼 보이는 아이들이 자기에게 전혀 영향을 끼치지 않는데도 주저주저한다. 자기에게 눈길 하나 주지 않는데 지레 겁을 먹고 결국 빙 둘러 가거나 혹은 아이들이 사라질 때까지 기다렸다가 지나가는 것이다. 청소년의 일상에서 이런 일이 빈번히 일어난다. 돌발 상황에서 자기 길을 갈 수 있는 사람과 사소한 변수에도 자기 길을 포기

참사람 됨의 인성교육

하는 경우는 다른 미래를 만든다. 우리 선조들은 마음을 다스릴 때 먼저 몸을 다스림으로써 마음을 다스렸다. 즉 결연한 마음을 얻으려고 먼저 몸을 정결히 하고 의관을 단정히 하였고, 걷거나 서거나 앉을 때 몸의 중심을 잃지 않으려 애썼다. 몸을 흐트러트리지 않음으로 선비의 성품을 닦은 것이다. 이러한 몸성히는 전 생애에 걸쳐 배워야 할 사람됨 교육이고 사람됨 유지를 위한 교육이다. 특히 청소년에게 중요한 인성교육임은 두말할 것 없다.

마음의 인성교육

마음은 몸과 함께 사람을 구성하는 중요한 요소이다. '정신'과 비슷한 의미로 사용되지만 마음과 정신은 다르다. 실체가 없고 고요한, 본래의 밝고 맑고 환한 마음의 자리가 있다. 경험이 축적되면서 기억으로 두뇌에 남아 있다가 어떤 상황을 만나면 순간순간 물결치는 마음쓰임으로 나타난다. 보고, 듣고, 행하고, 만지고, 냄새를 맡으며 학습된 오감(五感)을 통해 집적된 경험에 칠정이라는 감정이 더해지면서 그때그때 마음이 나오는 것이다. 마음이란 실체가 없으면서도 끊임없이 사람의 행위를 규정한다. 이 마음을 어떻게 다스리고 고요하게, 편안하게 하여 원래 없던 환하고 밝은 텅 빈 우주 본래의 상태로 돌아가게 하는가 공부하는 것이 마음공부이다. 이 마음을 어떻게 쓰느냐에 따라 악해지기도, 선해지기도 한다. 어떻게 보면 마음이란 원래 없던 것이기에 선함도 악함도 없다고 볼 수도 있다. 오욕과 칠정이 마음자리에서 일어나지만 원래 마음자리가 텅 비어 있고 물결처럼 일어났다가 고요해진다는 것을 알면 욕심이 만드는 허상일 뿐임을 알게 된다. 따라서 마음공부를 통해 번잡하고 소란스러운 일들을 초연하게 처리할 수 있으며 충동적인 감정의 발호를 제어할 수 있다. 입시경쟁에 과도하게 내몰리는 청소년, 왕따 등으로 친구를 잃은 청소년의 경우 게임 중독에 빠지기 쉽다. 게임 중독

뿐 아니라 각종 중독에 빠지는 청소년이 더욱 늘어날 전망인데 청소년의 욕구 불만으로 일시적 쾌락을 추구하는 충동적인 성향에 마음이 휘둘리기 때문이다. 청소년들이 자신의 마음을 알고 마음을 옳게 사용하도록, 물질 중독에 빠지지 않도록 마음공부가 도움을 줄 수 있다.

청소년들에게 체계적 마음공부를 시키는 곳은 원불교에서 운영하는 대안학교들이다. 현재 여덟 곳 이상에서 마음공부를 정규 교육과정으로 운영한다. 원불교의 마음공부는 마음일기로 이루어진다. 요란해진 마음과 이를 처리하는 과정을 사실적으로 일기에 기재해 마음을 공부하는 것이다. 매순간 일어나는 마음을 잘 지켜보고 그중 가장 격렬하게 감정이 일어난 그때의 느낌과 행동을 마음노트에 기록한다. 이는 항시 마음작용 속에서 살고 있는 일상의 삶에서 마음의 본질을 알고, 격정적으로 일어난 마음의 작용을 지켜보고, 그 마음을 잘 다스려서 본래의 고요하고 평온한 마음으로 회복함으로 나를 더욱 깊이 이해하는 공부 과정으로 삼고, 상대의 마음을 이해하여 배려하는 마음을 키우고, 더불어 함께 이해하면서 조화롭게 살아가는 지혜를 배우는 과정이라 할 수 있다. 원불교 마음공부 순서는 이렇게 이루어진다.

1. 매사 모든 순간에 경계를 알아차린다.
2. '앗! 경계구나!' 마음의 브레이크를 밟는다.
3. 그 상태에서 내 마음을 바라본다.
4. 상대 마음도 헤아려 보기를 한다.
5. 좋은 해결 방법을 연구한다.
6. 자성의 정(定)을 세운다(마음 결정하기).
7. 행동으로 옮긴다.

중요한 것은 마음이 극심히 움직였던 어떤 상황에 주목하고 그 상황 속에서 발호하는 내 마음을 바라보고 또 상대의 마음을 헤아려 보고 좋

참사람 됨의 인성교육

은 해결 방법을 연구한다는 것이다. 자칫 빠지기 쉬운 나 중심의 주관적 이해 속에서 물결치듯 일어나는 충동적 감정의 발산을 제어하고, 내 상태를 알고 상대를 이해하려 애써 보고 이성적 생각을 통해 해결 방법을 찾아본다는 것이다. 청소년기에 이러한 마음 알기, 마음 들여다보기, 마음 다스리기 훈련을 받은 사람들은 가장 든든하고 유익한 재산을 확보한 것이나 마찬가지 아닐까 싶다. 마음 하나 잘 다스리면 그곳에 삶의 진정한 행복이 있는 것이다.

앞으로 사회는 기계와 인간의 경쟁이 치열할 듯하다. 일자리가 기계로 대체되고, 인간의 능력은 기계에 비해 한없이 초라하다는 것이 드러나는 때도 있을 것이다. 하지만 기계가 대신할 수 없으며 기계가 가질 수 없는 것이 인간에게 있다. 마음이다. 논리, 계산, 수학적 능력에서 기계가 인간을 뛰어넘는다 하더라도, 그러한 능력으로 물질문명 사회를 기계가 주도한다 하더라도 마음을 바탕으로 한 감정과 느낌 그리고 사랑은 기계가 할 수 없다. 인간은 물질, 본능, 계산적 단계를 넘어 아름다운 감성과 냉철한 이성으로 생명의 역사를 이끌어 왔고 앞으로 이끌어 갈 것이기 때문이다. 따라서 제대로 된 인성교육을 통해 인간은 예측 불가한 현대 기술문명 사회에서 존엄하고도 창조적으로 자신의 역할을 해야 한다. 인간의 마음을 바탕으로 한 창의성이야말로 미래사회의 핵심가치로 나타날 것이며 이러한 창의성을 가진 인간을 키워내는 것이 인성교육이 나아가야 할 비전이다.

얼의 인성교육

옛사람들은 '얼굴'을 '얼골'로 불렀다 한다. '얼이 모인 골짜기'라는 뜻이라 하는데 얼은 곧 정신에 속한다. 얼은 '넋', '영혼'으로도 바꿔 쓸 수 있다. 또 '정신의 줏대'라 하여 정신 중에서도 핵심을 이루는 의식의 본질을 의미하기도 한다. 인간에게는 몸, 마음과 더불어 정신이라는 것이 있는데 이 정신의 핵심이 얼이다. '어른'은 단순히 나이가 많은 사람이 아니라 '얼이 든 사람'이며, '어리석다'라는 단어는 '얼이 썩었다'는 뜻이며, '얼간이'는 '얼이 간 사람'을 가리킨다고 한다. 얼의 성숙 정도에 따라 사람 됨됨이와 의식수준을 가늠할 수 있다. 이처럼 얼이란 정신의 핵심을 가리키는 말인데 사람이 사람다움을 유지하는 데 있어 얼은 몸과 마음의 기저에 있는 본바탕이다. 얼이 성숙하지 못하면 몸과 마음이 건강할 수 없으며 몸과 마음이 건강하지 못하고서는 얼이 제대로 성숙할 수가 없다. 얼은 몸과 마음을 바탕으로 그것을 끌어안고 앞으로 솟아올라 나아가는 것이다. 얼은 그 사람의 참된 본성이며 내면의 성품이고 정신의 알맹이며 무한한 성장을 거듭하여 개체의 인간존재와 전체 우주가 통일되고 하나 되는 의식의 무한한 영원성을 가지게 하는 인간존재의 알짬이다.

인성교육 원리를 놓고 영향을 끼쳐온 사람들이 서양에 있다. 루소, 페스탈로치, 프뢰벨이다. 이 중 미래사회의 비전과 관련하여 프뢰벨의 인성교육 원리에 주목할 필요가 있다. 다음은 프뢰벨의 통일사상에 대한 곽노의 교수(서울대)의 해설이다.

> 프뢰벨의 교육 사상은 신과 인간과 자연의 불가분의 관계를 주장한다는 점에서 루소나 페스탈로치 등과 많은 공통점을 지니고 있다. 그러나 루소에 있어서는 자연성, 페스탈로치에 있어서는 인간성이 중심이라고 한다면, 프뢰벨 사상의 중심은 신성에 있다고 할 수 있다. 프뢰벨은 '나'라는 존재는 부분이며 동시에 전체인 존재이며, 만물은 모두 '부분적 전체(Gliedganz)'라고 하였다. 프뢰벨에 따르면, '나 자신은 인류의 부분적 전체이며 생명 전체를 내부에 가지고 있는 완전한 인간이다. 이것은 꽃봉오리가 그 자체로서의 본질과 발전의 전체성을 안에 가지고 있으면서 수목에 붙어 있는 것처럼 나도 인류라고 하는 생명의 나무에

참사람 됨의 인성교육

붙어 있는 일부분인 것이다. 따라서 나 자신만을 끄집어내면 유일한 것이지만 고립된 것은 아니다. 다시 말해서, 나는 부분이며 동시에 전체 즉, 인류의 부분적 전체이다'고 하였다.

_곽노의, 《프뢰벨의 인간교육 원리와 유치원 교육》에서

프뢰벨은 '나'는 부분이며 인류의 부분적 전체라고 이해하였고 부분과 전체의 통일적 관점에서 인성교육을 이야기함으로써 개체라는 인간의 존재성을 전체라는 신적차원으로 끌어올렸다. 이러한 프뢰벨의 교육사상은 우리나라 고유의 씨알사상과 맥이 닿아 있다. 씨알사상은 인간을 인간 본연의 성품인 얼의 무한한 성숙을 통해 개별 인간이 궁극적인 우주 전체, 신과 하나라는 것을 더 명확히 보여 준다. 또한 사람의 얼이야말로 인간의 참된 주체이며 전체라고 본다. 마치 전류가 전구를 통해 빛을 내듯이 얼은 전체 전류이면서 개별 전구의 전류로 존재하기도 한다. 그래서 얼은 개별 생명의 참된 주체를 품고 있으면서도 개별생명을 잇는 전체에 산다고 보는 것이다.

얼이 살아 있는 사람은 주체를 가진 자유인이며 전체를 품고 전체에 사는 공인이다. 씨알이 땅의 두터운 흙을 뚫고 솟아올라 생명활동을 펼치듯이 사람의 얼은 탐진치의 두터운 껍질을 깨고 하늘의 빈탕한데로 솟아올라야 한다. 얼이 뚜렷한 사람은 삶과 정신이 깊어진다. 생각이 깊고 얼이 뚜렷한 사람은 얼굴이 깊고 뚜렷해진다. 씨알은 생각함으로써 하늘의 기운과 바람과 빛을 몸과 마음에 또 얼굴에 담는다. 생각함으로써 씨알은 제 얼굴과 제 마음을 빚는다. 씨알은 제가 저를 만드는 존재다. 그래서 얼이 깊이 배겨 있는 골짜기가 바로 얼굴이 되는 것이다.

_박재순, 《생명의 길, 사람의 길》에서

사람의 얼이 물질을 초월해 하늘의 빈탕한데로 솟아올라야 하고 이 때 비로소 사람은 어른(얼이 든 사람)이 되고 참 사람이 된다는 것이다. 나이가 많다고 어른이 아니다. 그냥 늙은이일 뿐이다. 얼이 제 얼굴과 제 마음에 깊이 들어 삶과 정신이 뚜렷해진 사람이 바로 어른이다. 인성교육은 얼이 든 사람, 즉 어른으로 성장시키는 얼의 교육이어야 한다. 사람의 본바탕을 이루는 얼의 인성교육은 사람의 참된 존재와 주체를 사람 자신이 스스로 앎으로써 이루어진다. 빅뱅 이후 오늘에 이르기까지 백수십억 년의 우주역사, 38억 년의 지구역사와 생명진화의 역사를 거쳐 오늘에 이르기까지 특히 동서양 문화가 만나는 한복판이었던 구한말의 한반도에서 동서양 사상의 알짬을 융화시켜 개별인간과 전체 인류, 나아가 모든 생명진화의 우주역사를 새로이 바라보고 그 안에서 구시대의 국가주의와 민족주의를 청산하고 새시대의 생명평화의 시대를 펼쳐 나가는 인류를 양성해 나가는 큰 인물, 새로운 새시대의 새인류로 진화해가는 것을 목표로 하는 인성교육이어야 한다. 이러한 인성교육은 인간의 존재를 개별적 일시성으로 보는 것이 아니라 전체적 영원성으로 보고 개체 인간이 전체 생명, 온생명과 하나가 되어 인간의 지성과 신적 생명으로 대동세상을 이루어 나가는 비전을 제시하는 교육이다. 여기에 얼을 가진 인간의 사명이 있고 인성교육의 목표가 있다.

몸·맘·얼과 씨알사상

씨알사상에서 바라보는 '몸성히', '맘편히', '얼태워'의 내용은 구체적이고 쉽다. 물음과 동시에 먼저 허리를 반듯이 세우게 된다. 자세가 바르니 호흡이 편하고 고르게 되고 깊어진다. 어떠한 동작이나 행위를 하고 있더라도 좀더 바른 자세로 할 수 있도록, 밤늦게까지 깨어 있지 않도록, 쓸데없는 말이나 행위를 하면서 기운을 소모시키지 않도록, 무엇보다 중요한 먹거리 문제, 특히 일회용 패스트푸드의 유혹에 맞서 '지금

참사람 됨의 인성교육

내가 내 몸을 성하게 하고 있는가?' 물음을 던지면 정신이 확 깨인다. 그리고 그렇게 몸 상하지 않도록 조심하게 된다. '몸성히'는 누구에게나 구체적이고 현실적이다. 따지고 보면 몸만큼 소중한 것이 어디 있겠는가? 인간이 천사보다 높다는 말도 몸이 있기에 하는 말이다. 하지만 이 몸이 있기에 고통이 있기도 하다. 몸이 아프면 만사가 귀찮아지고 무기력해진다. 씨알사상에서 '몸성히'를 첫 번째로 놓은 것은 수양에서 몸이 원초적 문제이기 때문이다.

다음으로 떠올리는 것이 '맘편히'이다. 지금 내 마음이 편한가? 편하다는 것은 마음이 놓인다는 것이다. 불안하거나 긴장하지 않은지, 스트레스로 짜증이 나는 게 아닌지, 가슴이 두근거리고 화가 나는 것 아닌지, 마음을 들여다보는 것은 마음을 놓고 마음을 편하게 하는 데 유용하다. 하지만 인생을 살아가면서 수많은 상황에서 마음 상하게 되고 아프게 된다. 어쩔 수 없는 것은 받아들이고 어쩔 수 있는 것은 바꾸는 용기를 내야 할 때가 있다. 그리고 이를 구별하는 지혜가 필요하다. 무엇보다 마음이 편안히 놓이도록 해야 한다.

'몸성히'와 '맘편히'는 자연히 '얼태워'로 이어진다. 지금 내가 내 정신을 위로 향하고 있는가? 자연의 순리에 따르고 양심에 따르고 진리를 설파하는 성현들의 말씀과 인간이성의 보편적 지혜에 합당한 쪽으로 내가 살고 있는지 질문하면서 하루하루를 점검한다. 생명을 사랑하고 생명진화의 끝에서 내 삶이 전체생명의 자리에서 축복임과 함께 내가 바로 고귀한 존재임을 깨닫고 무한한 자긍심으로 세상을 살아내는 자신감 있는 삶이 바로 얼을 태워 나가는 삶이다. '몸성히, 맘편히, 얼태워'를 순간순간 점검하고 실천하고자 노력한다면 분명히 고결하고 아름다운 인성을 가진 참 사람이 될 수 있다.

개개인이 훌륭한 인성을 갖추는 데서 인성교육이 출발한다는 것은 누구도 부정할 수 없다. 자신의 몸과 마음, 얼의 건강을 거치지 않고서는 어떤 것도 모래 위 누각에 불과함을 지적하고 싶다. 오늘날의 인성교육이 사상적 배경이나 철학 없이 말 잘 듣는 학생을 만들려 하고, 기계적으로 협력하는 협동기술, 준법정신을 통한 질서유지, 사람에 대한 깊은 성찰이 결여되고 인종 간 차이와 차별을 없애는 데만 치우친 다문화 의식, 유교문화의 대안적 비판 없는 충효 사상을 강조하면서 시대와 인간에 대한 통찰 없이 상업적으로 이루어지는 데 우려가 크다.

인성교육은 사람의 몸과 마음과 얼의 발견을 통해 개인의 인성은 물론 미래의 새로운 문화, 문명을 창조적으로 이끌어나갈 비전이 있어야 한다. 세계화, 과학화, 민주화의 새 시대를 열어갈 지성적·영적 고결함을 갖춘 인간을 육성하는 책임을 오늘날의 인성교육은 져야 한다. 나를 찾고 내 속을 깊이 파서 '큰 나'에 이르러 전체가 하나 되는 길을 내용적으로 제시하여야 한다. 또한 진리의 삶을 추구하는 참사람 됨이 그 방향이어야 한다. 이것이 새로운 문명과 새 시대를 이끌어갈 새로운 인간을 위한 인성교육이다. 빅뱅에서 오늘까지 우주사와 생명진화의 역사, 동서양 사상과 한국의 근현대사를 아우르는 가운데 폭력과 전쟁, 차별과 모순의 지난 현실을 딛고 새로운 희망과 비전이 오늘날의 청소년들을 위한 인성교육 속에서 제시되어야 한다. 특히 남북으로 갈린 한반도의 평화는 물론 동북아시아의 평화와 세계평화의 길을 당당히 어깨에 메고 나아갈 줄 아는 책임과 사명감을 가진 사람을 키우고 사랑과 정의의 벅찬 가슴으로 개체인 나 자신을 깊이 파서 생명평화의 세계문명과 신인류를 위한 큰 걸음을 걸을 수 있는 비전을 가진 인성교육이어야 한다.

이러한 관점에서 우리 청소년들에게 제시되어야 할 인성교육을 생각할 때 안창호, 이승훈, 유영모, 함석헌의 삶과 정신을 이어받은 실천적 사상으로인 씨알사상이야말로 가장 적합한 인성교육의 내용이라 할 수 있다.

씨알사상은 사람의 존재와 사명을 이해하는 데 자연생명인 씨알을 끌어들임으로서 인간이해의 지평을 자연생명과 신적영성의 차원으로 심화하고 확장하였다. 씨알사상은 전쟁과 폭력으로 얼룩진 낡은 국가주

참사람 됨의 인성교육

의 문명을 극복하고 세계평화문명으로 넘어가는 상생과 공존의 비폭력 평화주의를 그 바탕으로 하고 있다. 또한 생존의 위기에 빠진 인류와 지구 생태계를 살리는 이성과 영성의 깊은 자각을 담은 사상이면서 하늘과 땅과 사람이 우주 안에서 조화를 이루며 태초부터 지금까지의 생명진화의 개체적이면서도 전체적인 역사를 담고 있다.

몸과 맘과 얼은 인간의 고유한 영역이다. 기계문명이 발달하고 전자정보화시대가 오더라도 물질은 생명을 대신할 수 없다. 사람의 몸에는 수십억 년 생명진화의 역사가 담겨 있고 우주창조 시대부터 지금에 이르기까지의 우주역사가 새겨져 있다. 물질에서부터 나온 생명은 파충류, 포유류를 거쳐 영장류에 이르렀고 영장류에서 오늘날의 생각하는 인류인 호모사피엔스가 나왔다. 사람의 몸 안에는 수십억 년의 생명진화 역사를 통해 진화된 유전자와 신경세포들이 있고 사람마다 귀한 생명의 힘과 지혜를 지니고 있다. 사람의 몸속에 있는 동물적 본능과 사람의 마음속에 있는 아름다운 감성과 이성을 끌어안으면서 사람의 참 주체인 얼은 더욱 생명 창조적으로 진화되어 가면서 장엄한 우주의 새 시대로 인류를 인도할 것이다.

씨알사상을 통해 바라보는 몸성히, 맘편히, 얼태워의 인성교육은 사람을 만물 위에 우뚝 선 존재요, 하늘과 사귀고 하늘에 오를 존재로 바라본다. 씨알의 인성교육을 통해 사람은 사람으로서 사람다운 사람이 되고 우주 생명진화의 과정을 완성하고 그 목적을 실현하는 고귀한 존재로 자리매김할 것을 요구한다.

3장

인성교육 어떻게 할까
― 씨올사상과 인성 이해

생명과 역사의 바통을 이어주고 이어받는 교육의 자리는 낡은 역사를 청산하고
새 역사를 시작하는 자리다. 한 시대가 끝나고 새 시내가 시작되는 자리다. 그러므로
교육의 자리는 삶과 죽음의 자리다. 생명과 역사는 언제나 죽음과 신생을 통해
계승된다. 모든 생명체와 인간은 한 번 나고 한 번 죽는다. 죽어야 살고 죽음으로써
산다는 것이 생명과 역사의 비밀이고 진리다. 씨올은 땅의 흙 속에 묻혀 깨지고
죽음으로써만 새 생명을 창조하고 펼친다. 참된 교육은 죽어야 살고 죽음으로써
산다는 것을 가르치는 일이다. 교사는 삶과 죽음의 본보기가 되어야 한다.
어려운 일을 당할 때, 중요한 일을 판단하고 결정할 때 마음 속에 떠오르는
얼굴이 참된 스승이다. 선생님이 '나'의 자리에 계셨다면 어떻게 하셨을까
생각하고 생각나는 사람이 되어야 한다.

▪ 박재순

서울대학교 문리대에서 철학을 전공하고 한신대에서 신학을 공부한 후 한신대,
성공회대에서 연구교수와 겸임교수로 가르쳤다. 1970년대 중반부터 함석헌 선생을
만나 성경과 동양고전을 배우고 씨올사상을 공부했다. 1980년대 안병무박사의
한국신학연구소에서 번역실장으로 국제성서주석을 번역하였다. 민중신학과 생명신학을
탐구하였으며 주체의 깊이와 자유에서 전체의 하나 됨에 이르는 생명철학으로서
씨올사상을 정립하기 위해 힘썼다. 함석헌기념사업회 씨올사상연구회 초대회장을 지내고
씨올재단을 설립하여 상임이사로 일했으며 현재는 씨올사상연구소장으로서 한국근현대의
정신과 철학으로서 씨올사상을 다듬어 내는 일에 애를 쓰고 있다. 저서로 《생명의 길,
사람의 길》, 《삼일운동의 정신과 철학》(이상 홍성사) 등이 있다.

사람은 오랜 생명진화 과정에서 지어진 피조물이면서 자신을 새로운 참 사람으로 지어야 하는 창조자다. 긴 성장기와 성숙기를 가진다는 점에서 인간은 다른 짐승과 구별된다. 사람은 신체적으로는 20세쯤이면 거의 성인이 되지만 정신적으로는 완성과 끝이 없어서 죽을 때까지 미완의 존재로서 완성과 끝을 향해 나아가는 존재다.

사람은 저마다 다른 기질과 능력, 감정과 의식, 생각과 뜻을 가지고 살기 때문에 사람마다 인간과 인성에 대한 생각과 이해가 다를 수 있다. 또한 시대와 사회와 상황에 따라 생각과 감정, 삶의 양식과 내용이 달라지기 때문에 인간과 인성, 인간관계에 대한 생각과 이해가 달라지기도 한다. 참 사람이 되기 위해서 그리고 서로 다른 수많은 사람들이 사람으로서 더불어 살기 위해서는 인간과 인성에 대해 함께 인정하고 존중할 수 있는 공통적인 생각과 이해가 요구된다. 인간과 인성에 대한 정답은 없더라도 인간과 인성을 이해하고 인간과 인성을 실현하고 완성하는 삶의 길과 방향을 안내할 수 있는 바른 지침과 안내, 지도가 요청된다.

유영모와 함석헌은 한국 근현대사의 중심에서 안창호와 이승훈의 교육운동과 삼일독립운동의 정신과 철학을 이어 씨울사상을 형성했다. 교육독립운동과 삼일운동은 민을 나라의 주체와 전체로 보았다. 씨울사상은 민을 주체와 전체로 보는 사상이다. 씨울사상은 인간을 자연생명과 인류역사와 신적생명의 씨울로 봄으로써 인간의 주체와 전체의 일치와 통합을 강조하고 주체의 깊이와 자유에서 전체의 하나 됨에 이르는 과정에 주목하였다.

인간은 몸, 맘, 얼로 이루어졌는데 몸은 땅의 물질세계와 자연생명과 결합되어 있고 맘은 인간과 인류역사와 결합되어 있으며 얼은 하늘과 신적 생명과 결합되어 있다. 씨올은 스스로 하는 생명의 주체이며 전체 생명을 품고 전체 생명과 이어져 있다. 인간의 몸, 맘, 얼은 저마다 주체와 전체이면서 서로 뗄 수 없이 결합되어 있다. 몸의 깊은 속에 맘이 있고 맘의 깊은 속에 얼이 있다. 따라서 몸과 맘과 얼은 인간의 세 부분이 아니다. 몸은 몸대로 인간의 주체이며 전체이고 맘은 맘대로 인간의 주체이며 전체이고 얼도 얼대로 인간의 주체이며 전체다.

씨올은 하나의 작은 개체 속에 전체 생명을 품고 있다. 씨올은 개체 속에 전체가 있고 전체 속에 개체가 있는 생명을 나타낸다. 씨올사상은 한 사람 속에서 사회와 나라 전체를 보고 사회와 전체 속에서 한 사람을 본다. 씨올은 스스로 꽃 피고 열매 맺음으로써 자기를 실현하고 완성할 뿐 아니라 꽃과 열매로써 뭇 생명을 먹여 살리고 풍성하게 한다. 씨올은 개체의 자기실현이 전체를 살리는 삶임을 보여 주고 서로 주체로서 상생과 공존의 삶에 이르는 길을 가리킨다. 인간은 주체의 깊이와 자유에서 전체의 하나 됨에 이르는 존재다.

영원한 과거와 무궁한 미래의 생명이 씨올 속에서 결합되어 있다. 생명의 씨올인 인간 속에는 과거와 미래의 역사가 함축되어 있다. 인간은 역사(때)의 주체이며 중심이다. 씨올은 깨지고 죽음으로써 과거의 생명을 이어 주고 새 생명을 낳는다. 낳고 죽고, 죽고 낳는 과정을 통해서 인간은 생명을 이어 가고 새 생명을 낳고 생명을 진화·고양시킨다. 교육은 생명을 이어 가고 새 생명을 낳는 생명진화와 역사의 근본활동(씨올의 활동)에 참여하여 그 일을 돕는 것이다.

생명진화와 인류역사를 통해 형성된 인간은 스스로 하는 주체와 개성을 가지면서 땅의 물질에서 하늘의 영을 아우르는 통합적 존재다. 인간은 몸과 맘과 얼로 이뤄졌다. 몸과 맘과 얼은 기계 부품처럼 교체하거나 대체할 수 있는 인간의 부분이 아니다. 몸, 맘, 얼은 저마다 인간의 주체와 전체다. 그러나 몸과 맘과 얼 사이에는 심층적이고 중층적이며 역동적이고 상호적인 관계와 질서가 있다. 몸은 맘의 껍질이고 맘은 몸의 알맹이며 맘은 얼의 껍질이고 얼은 맘의 알맹이다. 몸 속에 맘이 있고 맘속에 얼이 있다. 몸과 맘과 얼은 서로 뗄 수 없이 유기적으로 결합되어 있으며 상생과 공존과 순환의 관계이다. 몸은 맘을 자유롭고 힘차게 하고 맘은 몸을 성하고 편하게 한다. 몸과 맘은 얼을 가득하고 힘차게 솟아오르게 하고 얼은 몸과 맘을 자유롭고 온전하게 한다. 거꾸로 몸이 파괴되면 맘도 파괴되고 맘이 병들면 얼과 혼도 병든다. 인간의 본성과 목적은 주체의 깊이와 자유에서 전체의 하나 됨에 이르는 것이다. 인성교육 역시 인간이 주체의 깊이와 자유에서 전체의 하나 됨에 이르게 하는 것이다. 인성교육은 몸, 맘, 얼의 차원에서, 주체와 전체의 자리에서, 물건과 일의 관계에서, 사회와 역사 속에서 이루어져야 한다.

모름의 인식론과 주체의 존중

인간의 감각과 이성은 물건과 생명, 인간의 주체와 전체를 보지 못하고 현상과 부분을 지각하고 인식하는 데 머문다. 물건과 생명 그 자체를 인식할 수 없게 되고, 욕심과 편견에 사로잡히면 사실과 생명을 왜곡하고 잘못 보게 된다. 사물과 생명의 깊은 주체와 전체를 볼 수 없는 감각과 이성의 인식론적 한계 자각이 인성교육의 출발점이다. 인간의 주체와 전체를 알 수 없다는 모름의 자각이 인간을 신중하고 겸허하게 만든다. 물건과 생명과 인간의 주체와 전체가 드러나고 실현되고 완성되려면 물건과 일, 생명과 정신, 인간과 세상에 대한 겸허한 존중과 신중한 기다림의 자세가 요청된다. 내가 나를 다 알 수 없고, 물건과 일을 깊이 온전하게 알 수 없고, 다른 사람의 깊은 속과 전체를 알 수 없으며 하나님과 세상을 다 알 수 없다. 모르기 때문에 알려고 애쓰며 겸허하게 배우고 공부해야 한다.

물질과 물건, 일과 사건도 헤아릴 수 없는 깊이를 가진 것이며 전체와 뗄 수 없이 이어진 것이다. 생명과 인간, 정신과 영의 본성과 목적은 주체와 전체의 일치에 있다. 주체와 전체의 일치를 온전히 드러내고 실현하는 존재를 신, 하나님이라고 한다. 인간과 인성은 생명과 정신과 하나님에 비추어 볼 때 존재의 깊이와 높이가 온전히 드러난다. 생명과 정신, 사람과 하나님은 온전히 알 수 없는 존재다. 사람은 다만 존경과 신뢰의 마음과 태도로 물건과 일을 대하고 사람과 사회를 대하고 하늘과 하나님을 대해야 한다. 생명의 주체와 전체의 근원과 목적인 하늘에서 하나님 앞에서, 하나님 안에서 사람은 물건과 일, 생명과 정신, 사람과 세상을 있는 그대로 또렷이 알 수 있다. 모름을 지킬 때 비로소 사람은 알 수 있는 것을 또렷이 알 수 있다. 모름을 지키지 않으면 아는 것과 모르는 것이 뒤섞여 혼란에 빠신나. 모름을 지킨다는 것은 하늘(하나님)을 그리워하고 하늘을 믿고 하늘에 맡김으로써 앎과 모름이 뚜렷이 드러나게 하는 것이다.

인간에 대해서

생물학적으로 인간의 정체성은 유전자에 있다. 인간의 유전자가 달라지면 인간의 신체적·생물학적 정체성도 달라진다. 인간의 존재와 정체는 유전자에 의해서 결정되는 것일까? 생명공학은 유전지 환원주의와 유전자 결정론을 주장한다. 인간의 감정과 의식도 유전자와 뇌신경세포의 전기화학적 변화로 설명할 수 있다고 생각한다. 이렇게 생각하는 까닭은 생명을 공학적으로, 물질적으로, 기계적으로 보기 때문이다. 그러나 생명과 정신은 단순한 물체가 아니며 물질을 초월한 존재의 차원을 지니고 있다.

몸과 맘과 얼은 뗄 수 없이 결합되어 있으면서 서로 다른 차원에 속해 있다. 따라서 몸의 신체적·물질적 차원에서는 유전자 결정론과 환원주의가 성립하지만 감정과 의식, 지성과 영성의 차원에서는 유전자 결정론과 환원주의는 성립되지 않는다. 100% 똑같은 유전자를 가진 사람들

참사람 됨의 인성교육

도 결코 동일한 감정과 생각과 정신을 가진 인물이 될 수 없다. 유전자는 물리화학적으로는 복제되고 조작될 수 있지만 인간의 삶을 결정하는 주체가 될 수는 없다. 유전자는 환경과 의지에 따라서 얼마든지 다르게 작용한다. 자연과 사회 환경에 따라서 유전자는 다르게 작용하며 인간의 주체적 의식과 지향에 따라서도 유전자는 다르게 작용한다. 아무리 크게 보아도 유전자가 인간의 신체적인 삶에 미치는 영향은 50%를 넘지 못한다. 몸에 유전자가 미치는 영향이 상당할지 모르지만 유전자가 몸을 완전히 결정하지 못한다. 맘에서는 유전자의 영향이 더욱 작아진다. 얼에서는 유전자가 거의 작용하지 않는다. 사람의 주체는 몸과 맘과 얼을 움직이고 변화시키는 얼과 혼이다.

인성과 인격에 대해서

인성은 인간의 본성과 성격, 품성과 인격을 아우르는 포괄적 개념이다. 인성은 물성, 본능, 감정, 의식, 지성, 영성을 아우른다. 인성은 우주자연만물과 일치하고 소통하는 물리화학적인 물성과 신체성을 가진 것이며, 파충류처럼 본능과 욕망을 가졌고 포유류처럼 감정과 기억과 지능을 가졌다. 그러나 인성은 다른 짐승들과는 달리 지성과 영성을 지녔다. 식물은 물질에 충실하게 생의 기쁨과 아름다움을 실현하지만 감정과 지성이 없으며, 곤충은 본능적이고 기계적인 공존과 상생의 질서를 실현하지만 마찬가지로 감정과 지성이 없다. 파충류는 살려는 본능적 의지와 욕망에 충실하게 강한 힘을 가졌지만 높은 감정과 지성은 없다. 포유류는 따뜻한 감정과 기억을 가지고 있지만 맑은 지성과 영성을 가지지 못했고 원숭이는 꾀를 부리고 흉내를 내지만 마찬가지로 맑은 지성과 영성은 갖지 못했다. 사람은 생명의 모든 차원과 요소들을 가지고 있으면서 맑은 지성과 높은 영성을 가지고 있다. 맑은 지성과 높은 영성을 가진 인간은 물질과 본능의 기계적 · 법칙적 운동과 작용을 넘어서 자신과 환경, 역사와 사회를 새롭게 창조하고 변화시킬 수 있다. 인간은 자신과 환경을 새롭게 지을 수 있는 존재이며 새롭게 낳고 새롭고 높은 존재의 세계로 솟아올라 나아갈 수 있는 존재다.

선과 악에 대해서

이렇게 인간과 인성을 역사적·종합적으로 이해하면 인간에 대해서 성선설과 성악설을 말하는 것은 큰 의미가 없다. 인간의 본성을 본능과 욕망으로 보면 성악설을 말하게 되고 지성과 영성으로 보면 성선설을 말하게 된다. 오늘날 성(性)을 섹스(sex)라고 말하는 것은 인성을 본능과 욕망으로 생각한다는 것을 드러내는 것이다. 파충류의 자리에서 보면 본능과 욕망이 악한 것이 아니다. 그러나 본능과 욕망대로만 살 수 없는 인간의 자리에서 보면 본능과 욕망이 악한 것이 될 수 있다. 생명진화와 역사의 관점에서 보면 선과 악은 상대적인 것이다. 생명진화와 역사의 과정에 비추어 보면 물질은 생명을 위한 것이고 생명은 감정과 의식을 위한 것이며 감정과 의식은 지성과 영성을 위한 것이다. 생명진화를 진전시키고 고양시키는 것이 선이고 생명진화를 거스르고 가로막는 것이 악이다. 물질(돈)과 기계와 본능이 생명을 시배하고 물질과 기계를 위해 생명을 희생시키는 것이 악이다. 물질과 기계가 생명과 정신을 고양시키고 힘차게 하는 데 쓰이는 것이 선이다. 본능과 기계가 지성과 영성을 억압하고 짓밟는 것이 악이고 본능과 기계가 지성과 영성을 위해 쓰이는 것이 선이다. 물질과 기계, 몸과 본능과 감정이 지성과 영성을 표현하고 드러내는 것이 아름답고 선한 것이고 지성과 영성이 물질적 욕망과 본능의 수단과 도구가 되는 것이 악이다.

죄에 대해서

히브리 성경에 따르면 죄는 자연과 인생의 창조적 근원과 목적인 하나님에 대한 배반이고 하나님의 뜻을 거스르는 것이다. 하나님(하늘)을 떠나 하나님과의 관계를 끊은 것이 죄다. 회개는 하나님께 돌아오는 것이다. 삶의 근원과 목적인 하늘을 떠나서 하늘을 잊고 사는 것이 죄다. 하나님과 하늘을 잊고 사는 것은 저를 잊고 제 뿌리와 고향을 잊고 사는 것이다. 저를 잊은 것, 저를 버린 것, 저의 뿌리이고 목적인 하늘, 하나님을 잊고 사는 것이 모든 악의 근원이고 죄다.

희랍어로 죄를 뜻하는 '하마르티아'는 과녁을 맞히지 못한 것, 과녁에서 벗어난 것이다. 삶과 일에는 알맹이, 핵심이 있다. 죄는 삶과 일의 정곡을 찌르지 못한 것이다. 알맹이, 핵심을 놓치면 알맹이 없는 삶, 거죽 껍데기에 머무는 삶이 된다. 거죽 껍데기에 머무는 삶은 거짓된 삶이다. 몸은 맘의 껍데기요 맘은 얼의 껍데기다. 맘은 몸의 알맹이요 얼은 맘의 알맹이다. 씨올의 '올'은 알이면서 얼이다. 생명과 정신의 알, 얼은 하늘이다. 참된 삶은 알맹이 핵심이 가득 찬 삶, 알찬 삶이다. 삶과 일의 중심, 핵심, 알맹이, 알짬이 충실한 삶을 살지 못하면 껍데기만 핥는 삶을 사는 것이고 거죽만 핥는 거짓 삶을 사는 것은 삶에 대해서 죄를 짓는 것이다. 하늘을 모르는 삶, 하늘이 빠진 삶은 껍데기 삶이고 거죽만 핥는 거짓된 삶이다. 한국인은 죄를 '허물'이라고 했다. 허물은 흠과 티, 흠집과 결함을 나타낸다. 허물없이 온전한 것은 하늘뿐이다. 허물없는 삶을 열망한 한국인은 "하늘을 우러러 한 점 부끄러움이 없기를" 염원했다. 한국인은 하늘을 향해 곧게 서서 부끄러움이 없이 하늘의 자유를 누리며 살려고 하였다. 한국인의 몸과 맘속에는 하늘을 향한 그리움이 깊이 새겨져 있다.

왜 사람은 생명의 근원과 목적인 하나님을 떠나며 삶과 일의 알맹이를 놓치고 사는가? 맑은 지성과 높은 얼을 가진 인간이 물질적 탐욕과 본능적 감정에 휘둘려서 혼미해졌기 때문이다. 고정관념과 편견에 사로잡혀 지성과 영성이 어두워졌기 때문에 하늘의 자유와 사랑을 잃고 삶과 일의 알맹이를 놓치고 사는 것이다. 탐욕과 본능, 감정과 편견에서 벗어나려면 하늘의 자유를 얻어야 한다. 하늘을 우러러 허물없는 하늘의 자유를 얻으면 삶과 일의 알맹이를 놓치지 않고 생명의 길, 사람의 길을 바로 갈 수 있다.

인격: 인성의 통일적 초점

하늘은 자연만물과 인간을 하나로 통일하는 중심이고 꼭대기다. 하늘은 우주와 생명과 인간을 하나로 이끄는 사랑과 힘이다. 사람이 하늘을 향해 곧게 설 때 사람은 사람이 되고 사람을 사람답게 하는 주체적 인격이 생겨난다. 인간의 주체와 인격은 인간 속에 하늘이 열린 것이다. 사람 속에 주체와 전체의 근원인 하늘이 열린 것은 주체와 전체의 통일적 초점이 생겨난 것이다. 물질적 탐욕과 감정, 편견과 고정관념에서 벗어나 하늘의 자유에 이를 때 인격과 주체는 통일적 초점을 가지고 힘차게 살아 있다.

인격은 인성의 모든 차원들을 통합하고 조절하고 이끄는 통일적 초점이다. 인격은 고정된 실체나 요소가 아니라 인성의 모든 차원과 주체들이 어울리고 통합될 때 생겨나는 조화와 균형의 중심이다. 인격은 태풍의 눈처럼 비어 있는 고요한 중심이다. 인간의 자아 주체, 인격은 물질, 본능, 감정, 지성, 영성의 각 차원과 주체를 조정, 통합, 통일하고 이끌고 완성해 가는 통일적 초점이다. 인격은 실체가 아니라 관계의 통일이며 초점, 일치다. 조화와 통일의 초점을 잃으면 몸과 맘이 고장나거나 혼란과 혼돈, 불안과 분열에 빠진다. 자아 인격은 초월적 자유와 통일적 초점을 가져야 하는데 몸과 욕망, 감정과 관념에 집착하거나 붙잡히면 조화와 통일의 초점을 잃기 쉽다. 인간의 인격을 본능적 충동과

참사람 됨의 인성교육

욕구가 지배하고 주도할 수도 있고 낮고 거친 감정이 지배할 수도 있지만, 고귀하고 부드러운 감정이 주도할 수도 있고 높고 맑은 이성과 깊고 거룩한 영성이 이끌 수도 있다.

따라서 인격적 주체로서의 '나'는 고정된 실체가 아니라 늘 새롭게 형성되고 생겨나는 주체다. 인격과 자아('나')는 고정된 것도 아니고 언제나 동일한 것도 아니다. 그것은 인성의 여러 차원들인 몸, 본능, 감정, 의식, 지성, 영성의 조화와 통일 속에서 늘 새롭게 생겨나야 한다. 저마다 주체와 전체인 몸, 감정, 의식, 생각, 지성과 영성을 환경과 조건, 사회와 역사 속에서 조정하고 통제·통합하여 자유로운 통일의 초점을 갖기란 어려운 일이다. 몸, 맘, 얼은, 물질과 감정과 의식과 지성과 영성은 서로 다르며 불안정하게 결합되어 있다. 인성의 여러 요소들은 서로 갈등과 부조화 속에 있기 쉽다. 몸의 주체, 맘의 주체, 얼의 주체가 갈등하면 혼란과 분열, 억압과 질병이 생긴다.

하늘의 빈탕한데(虛空)는 대자유와 종합의 자리, 자유로운 통일과 일치의 자리다. 하늘의 빈탕한데는 하나님이 계신 곳이며 하나님은 속에서 흘러넘치는 사랑과 힘의 근원이다. 흘러넘치는 사랑과 힘만이 자연과 생명과 정신의 주체와 전체를 함께 솟아오르게 하고, 자라게 하고 크고 새롭게 한다. 몸도 맘도 얼도 다 주체다. 몸나, 맘나, 얼나가 저마다 힘차게 살아야 한다. 그러나 몸나가 맘나를 휘두르면 맘나는 시들고 맘나가 얼나를 지배하면 얼나는 죽는다. 몸나는 맘나를 위해 맘나는 얼나를 위해 극복되고 초월되며 바쳐져야 한다. 몸나는 맘나 속에서만 생동하고 맘나는 얼나 속에서만 자유롭고 편안하다. 얼나가 힘차게 살아 있을 때 몸나와 맘나도 힘차게 살아 있을 수 있다. 얼나는 흘러넘치는 하나님의 생명과 사랑 속에서 힘차게 살아 있을 수 있다. 흘러넘치는 사랑과 힘의 근원인 하나님의 품에서, 자유로운 하나 됨에로 이끄는 하늘의 빈탕한데서 '나'는 몸나와 맘나와 얼나로서 끊임없이 죽고 새롭게 태어나야 하고 주체와 전체가 하나로 되는 생명진화와 고양이 이루어져야 한다.

교사(스승)의 자리에 대해서

생명진화와 인류역사는 개체의 죽음을 넘고 넘어 이어 온 것이다. 생명과 역사는 앞 세대와 뒷 세대가 삶의 바통을 이어 주고 이어받음으로써 계속된다. 포유류는 모성애를 가진 어미가 새끼들을 스스로 살 수 있도록 기르고 가르친다. 포유류의 경우에는 새끼들이 본능적으로 생존의 기술과 방법을 알고 있지만 어미에게 배우며 따라하는 것도 있다. 성장기간이 길고 복잡한 사회생활을 하는 사람의 경우에는 삶과 역사를 이어 가기 위해서 양육과 교육이 더욱 필요하다. 기본적으로 인간의 양육과 교육은 가정에서 어미와 아비가 하는 일이다. 인간의 역사와 사회가 크고 복잡해지면서 삶과 역사를 이어 가는 일이 가정을 넘어서 사회의 일이 되었다. 교사는 사회와 국가에서 인생과 역사와 사회의 바통을 이어 주는 일을 맡은 이다. 교사는 부모 대신 교육을 맡은 이다. 따라서 교사가 어머니의 마음, 부모의 심정으로 가르치지 않으면 교사는 참된 교육을 할 수 없다.

그러나 교사가 학생의 삶을 대신 살아 줄 수 없고 생각을 대신해 줄 수 없다. 생명과 역사의 근본원리는 스스로 하는 것이다. 누구나 제 삶을 제가 살아야 한다. 따라서 스승은 밖에 있지 않고 속에 있다. 그러므로 참된 교사는 저마다 속에 있는 스승을 가리키고 속의 스승에게 이끌어 주는 이다. 교사는 학생이 스스로 살 수 있도록 이끌어 주고 돕는 이다. 교사는 생명과 역사의 전승자이고 학생은 계승자다. 참된 교사는 학생이 생명과 역사의 계승자로서 자신의 존재와 삶 속에서 가능성과 잠재력, 사명과 목적을 깨닫게 하는 이다. 사람은 누구나 생명진화와 인류역사의 씨올이다. 씨올인 사람은 속에 무궁한 생명과 힘을 지니고 있다. 씨올인 사람은 생명과 역사의 주체이며 전체다. 교사는 학생에게 "너는 무궁한 생명과 역사의 씨올이다. 생명과 역사의 주체이고 전체다"라는 진실을 알려 주는 이다. 교사는 학생의 주체와 전체를 존중하고 학생이 자신의 주체와 전체를 인식하고 실현하도록 일깨워야 한다.

교사와 학생은 서로 주체와 전체가 되는 길로 가야 한다. 교사와 학생이 서로 가르치고 배우는 자리는 생명과 역사 속에서 주체와 전체가 만나는 자리다. 생명과 역사의 가장 주체적이고 가장 전체적인 자리에서 교사와 학생은 가르치고 배워야 한다. 주체와 전체를 실현하고 완성하는 생과 역사의 계승과 진전을 이루고, 주체와 전체를 실현하고 완성하는 생명과 역사의 줄, 바통을 이어 주고 이어받는 일은 가장 엄숙하고 존엄한 일이다. 교육의 자리는 주체와 전체를 드러내고 실현하는 자리이며 주체와 전체가 일치하는 자리다. 그것은 사사로운 이해관계나 집단적인 당파주의나 이념적인 편향으로 흔들리지 않는 공적인 자리이고 서로 다른 사람들 사이에서 역사와 사회의 '한가운데' 중심을 드러내는 자리다. 교사의 권위와 존엄은 주체와 전체가 일치하고 이해관계나 주의·주장에 흔들리지 않는 가운데 중심을 지킬 때 주어진다.

교사와 학생 사이에서 생명과 역사를 이어주고 이어받는 일은 생명과 역사의 주체를 새롭게 창조하고 형성하는 일이다. 교육은 생명과 역사의 주체를 짓고 만들고 낳는 일이다. 사람 속에서 생명과 역사의 창조와 변화가 일어나고 있다. 교사는 학생을 역사와 사회의 중심과 선봉에 서게 한다. 교사의 할 일은 자신의 낡은 가치관이나 주장을 학생에게 주입하는 일이 아니라 학생이 새로운 시대에 새로운 사회를 만들어가도록 격려하고 용기를 주는 일이다. 교사는 학생이 스스로 주체적이고 창의적이고 의젓하고 너그러운 사람이 되도록 가르쳐야 한다. 교사는 학생이 저마다 저다운 사람이 되게 하고 스스로 생각하게 하고, '내'가 '나'가 되어 개성과 창의가 드러나게 해야 한다.

생명과 역사의 바통을 이어주고 이어받는 교육의 자리는 낡은 역사를 청산하고 새 역사를 시작하는 자리다. 한 시대가 끝나고 새 시대가 시작되는 자리다. 그러므로 교육의 자리는 삶과 죽음의 자리다. 생명과 역사는 언제나 죽음과 신생을 통해 계승된다. 모든 생명체와 인간은 한 번 나고 한 번 죽는다. 죽어야 살고 죽음으로써 산다는 것이 생명과 역사의 비밀이고 진리다. 씨올은 땅의 흙 속에 묻혀 깨지고 죽음으로써만 새 생명을 창조하고 펼친다. 참된 교육은 죽어야 살고 죽음으로써 산다는 것을 가르치는 일이다. 교사는 삶과 죽음의 본보기가 되어야 한다. 어려운 일을 당할 때, 중요한 일을 판단하고 결정할 때 마음속에 떠오르는 얼굴이 참된 스승이다. 선생님이 '나'의 자리에 계셨다면 어떻게 하셨을까 생각하고 생각나는 사람이 되어야 한다.

인성교육의 내용과 목적: 주체와 전체의 실현

인성을 실현하고 참 사람으로 살려면 몸은 몸대로 되고 맘은 맘대로 자유롭고 얼과 뜻은 힘차게 솟아올라 앞으로 나아가야 한다. 하늘을 향해 솟아올라 앞으로 나아가는 것은 제 속으로 파고들어 깊이 들어가는 것이다. 인간의 속의 속에서, 지성과 영성과 신성에서 주체와 전체의 근원과 목적인 하늘에 이르기 때문이다. 인성의 속의 속에서 하늘에 이르고 하늘과 통하면 인성을 실현하는 참 나(참 사람)가 되고, 나와 만물과 다른 생명과 사람의 주체와 전체를 실현하고 완성할 수 있다. 속으로 파고들어 하늘에 다가갈수록 인성이 실현되고 개성이 발달하며 너와 나와 그를 하나로 이끄는 전체 하나의 보편적인 진리와 법칙에 이를 수 있다.

맘이 하늘의 빔과 없음에 이르러 줄곧 뚫리고 자유로울 때 몸은 성하고 얼과 뜻이 힘차게 솟아오른다. 몸에 기운이 가득하고 몸이 성할 때 맘이 자유롭고 기가 잘 통하며 얼과 뜻이 솟아오르고 앞으로 나아간다. 얼과 뜻이 하늘로 하나님을 향해 솟아오를 때 생명과 정신의 주체와 전체가 온전히 드러나고 실현되며 몸이 성하고 몸과 맘에 기가 잘 통하고

참사람 됨의 인성교육

맘이 자유롭고 놓인다. 얼과 뜻이 솟아올라 나아감으로써 목숨은 말숨(말과 생각의 숨)이 되고 말숨은 얼숨(하늘의 얼과 뜻으로 쉬는 숨)이 되어야 한다. 하늘의 얼숨을 쉬면 생명의 질적 변화와 탈바꿈이 이루어진다. 하늘 숨을 쉬는 얼나가 몸나와 맘나를 이끌 때 몸과 맘과 얼이 제대로 힘차게 산다.

얼숨을 쉬는 얼나가 참 사람이다. 참 사람은 서로 다른 사람의 주체와 전체를 보고 주체와 전체를 실현하고 완성하는 이다. 하늘 숨을 쉬는 참 사람은 사람뿐 아니라 물질, 물건과 일의 주체와 전체를 보고 존중하고 섬길 수 있다. 물건과 일의 주체와 전체를 보고 존중하고 섬기는 사람은 물건의 깊고 신비한 물성과 힘을 드러내고 자연만물과 생명의 풍성하고 아름다움을 보여주고 실현할 것이다. 인간은 자신의 인성을 온전히 실현할 때 비로소 옹근 사람이 될 수 있다. 인간은 몸, 맘, 얼의 주체와 전체를 몸과 본능, 감정과 의식, 지성과 영성의 주체와 전체를 실현하고 완성해야 온전한 인간으로서 인간답게 살 수 있다. 또 인간은 서로 주체로서 '전체 하나'의 세계를 드러내고 실현해야 한다. 인간은 물건의 물성과 힘, 아름다움과 풍성한 힘, 생명의 주체와 전체를 드러내고 찬미하며 실현하고 완성할 사명을 가진 존재다. 사물과 자연 생명, 인간과 인간, 인간의 인성과 우주세계의 주체와 전체를 인식하고 실현하고 완성하려면 빈탕한데의 하늘, 참된 주체와 전체의 근원과 목적인 하나님께 이르러야 한다. 빈탕한데의 하늘(하나님)은 생명과 정신의 주체와 전체가 온전히 드러나는 자리고 실현하고 완성되는 자리다.

모름을 배우고 인성을 배우고 참 사람이 되어 하늘 하나님에 이르는 길을 배워야 한다. 빈탕한데의 하늘에 이르면 몸과 맘이 줄곧 뚫려서 하늘과 통하고 자신과 통하고 이웃만물과 통한다. 하늘을 그리워하고 우러르는 사람은 자신의 인성을 깨닫고 실현할 수 있다. 자신의 인성을 온전히 깨닫고 실현하고 완성에로 이끄는 사람은 자신뿐 아니라 세상만물과 이웃, 역사와 사회를 바르게 이끌고 완성할 수 있다.

2
부

4장

인간의 존엄성과 인성
— 헌법의 인간 이해

헌법은 우리나라의 정체성과 기본질서를 정하고 있는 최고규범이다. 법률, 시행령,
시행규칙, 조례 등 모든 법령은 헌법에 근거하며 어떠한 법령도 헌법을 위반하면
무효가 된다. 인성법 역시 헌법에 근거하며 헌법의 기속을 받는다. 대통령, 국회,
법원 등 각종 국가기관은 모두 헌법을 준수해야 한다. 대한민국 국민이라면 누구나
헌법을 존중하고 따라야 할 의무가 있다. 이처럼 헌법은 밤하늘에 찬란히 빛나는
북극성처럼 법질서의 정점에 자리하여 만법의 왕으로 군림하고 있다. 그런 까닭에
인성개념의 바탕이 되는 가치는 헌법에서 찾아야 보편적인 공감대를 형성할 수 있다.

■ 신용인

한반도의 변방 시골인 제주 조천읍 신촌리에서 태어났다. 고려대학교 법과대학 졸업 후
사법시험에 합격하여 부산지방법원 동부지원, 부산지방법원, 부산지방법원 가정지원에서
판사로 근무했다. 2008년 1월 귀향하여 농업회사법인 대표이사와 변호사를 거쳐
2010년 9월부터 제주대학교 법학전문대학원 교수로 재직하고 있다. 헌법정신이 충만한
세상을 꿈꾸며 하루하루를 열심히 살아가고 있다. 저서로 《헌법소송법》(한국학술정보),
《생명평화의 섬과 제주특별법의 미래》(도서출판 각)가 있다. 이 글은 2015년 12월 31일
대한교육법학회 학술지 〈교육법학연구〉에 발표한 '인성과 인성교육에 관한 헌법적
고찰'의 일부를 발췌·수정한 글이다.

I. 왜 인성 개념을 정립해야 하는가?

우리나라는 1960년대 이후 산업화에 박차를 가하면서 고도의 경제발전을 이뤘고 그 덕분에 어느 정도 물질적 풍요를 누리게 되었다. 그러나 경제성장에 치중한 결과 금전만능주의가 팽배해지면서 사회 곳곳에서 인성부재 내지 인성파탄 현상이 만연해지는 현상이 발생했다. 이에 대한 반성으로 인성교육의 필요성이 강하게 제기되었고, 1995년 발표된 '5·31 교육개혁방안'에서는 교육개혁의 과제로 '실천위주의 인성교육 강화'를 제시했다. 그 후 교육계에서는 학교교육의 시대적 과제를 '인성교육의 강화'로 보고 다양한 인성교육 프로그램들을 개발·보급했고, 각 시·도별로 인성교육 시범학교 등을 지정하여 인성교육을 중점적으로 실시했다. 그러나 그러한 시도들은 학교현장에서 별다른 효과를 보지 못했다. 입시 위주의 과도한 경쟁과 함께 인성교육의 목적과 내용에 혼선이 빚어지면서 인성교육이 겉돌았기 때문이다. 그 결과 학교폭력과 청소년 자살률 증가, 무너진 교권 등 청소년의 인성은 날로 황폐해졌고 이에 대한 우려의 목소리도 계속 높아져 갔다. 그러던 중 2014년 4월 16일 세월호 참사가 발생하여 수백 명이나 되는 어린 학생들의 꽃다운 목숨이 스러져 가자 우리 사회는 충격과 경악 속에 빠졌고, '건전하고 올바른 인성'의 부재를 뼈저리게 깨닫게 되었다. 이를 계기로 제대로 된 인성교육의 필요성에 대한 국민적 공감대가 폭넓게 형성되었고, 그 공감대를 바탕으로 여야 국회의원 102인은 2014년 5월 26일 '인성교육진흥법안'을 발의했다. 동 법안은 2014년 12월 29일 국회에서 만장일치로 의결·통과되어 2015년 1월 20일 법률 제13004호로 제정·공포되었다. 이와 같이 제정·공포된 '인성교육진흥법'(이하 '인성법')은 2015년 7월 21일부터 시행되고 있다.

하지만 인성법의 제정·시행에도 불구하고 인성교육의 목적과 내용은 아직도 분명하게 제시되지 못하고 있다. 그런 까닭에 현재 인성교육은 갈피를 잡지 못하고 있는 실정이고 인성교육의 실효성에 의문이 끊임없이 제기되고 있다. 일각에서는 인성법이 나치정권하에서 유대인 대학살을 주도한 아돌프 아이히만(Adolf Eichmann)처럼 권위에 무조건 순종하며 성실하게 악을 행하는 착한 괴물을 만들어 낼 것이라는 비판까지 제기하고 있다. 한편 대학 입시에 인성 평가가 반영될 것이라는 예상이 나오자 사교육 시장이 들썩이는 부작용도 생겼다. SBS 보도에 따르면 서울의 어느 입시학원은 인성면접 때 대응요령을 가르쳐 주는 명목으로 여섯 차례 수업에 70만 원을 요구했다고 한다.

인성교육이 이처럼 혼돈 속에서 표류하는 가장 큰 원인으로 인성의 개념이 올바로 정립되어 있지 않은 상황을 들 수 있다. 인성교육의 목적과 내용이 분명하게 제시되려면 인성의 개념이 명확하게 정립되어야 한다. 현재 인성 개념은 이렇다 할 사회적 합의를 이루지 못한 채 사람에 따라 인격, 성격, 인간의 본성, 인간다움 등 다양한 의미로 쓰이고 있다. 인성 개념이 지금처럼 모호하게 방치된다면 인성교육의 목적과 내용은 계속 혼란스러울 수밖에 없어 실효적이고 체계적인 인성교육의 실시는 요원한 과제로 남게 된다.

교육은 그 속성상 바람직한 인간상을 추구한다. 인성교육에서 관심을 기울이는 것은 사실로서의 인성이 아니라 당위로서의 인성이다. 그런 까닭에 인성개념은 모든 사람이 지향하고 실현해야 할 가치를 바탕으로 정립될 수밖에 없다. 그런데 다원적인 세계관이 존중되는 오늘날 그런 가치를 찾을 수 있을까? 쉽지 않은 일이다. 그럼에도 구태여 찾는다면 대한민국 헌법에서 그 가치를 찾을 수 있다. 헌법은 우리나라의 정체성과 기본질서를 정하고 있는 최고규범이다. 법률, 시행령, 시행

참사람 됨의 인성교육

규칙, 조례 등 모든 법령은 헌법에 근거하며 어떠한 법령도 헌법을 위반하면 무효가 된다. 인성법 역시 헌법에 근거하며 헌법의 기속을 받는다. 대통령, 국회, 법원 등 각종 국가기관은 모두 헌법을 준수해야 한다. 대한민국 국민이라면 누구나 헌법을 존중하고 따라야 할 의무가 있다. 이처럼 헌법은 밤하늘에 찬란히 빛나는 북극성처럼 법질서의 정점에 자리하여 만법의 왕으로 군림하고 있다. 그런 까닭에 인성개념의 바탕이 되는 가치는 헌법에서 찾아야 보편적인 공감대를 형성할 수 있다. 즉 헌법이 최고로 소중히 여기는 가치를 바탕으로 인성개념이 정립되어야 한다는 것이다. 그렇다면 헌법이 최고로 소중히 여기는 가치는 무엇인가? 그것은 인간의 존엄과 가치다. 인간의 존엄과 가치는 헌법의 최고이념이자 핵심가치다. 그렇다면 인성개념은 인간의 존엄과 가치를 바탕으로 정립되어야 한다. 그렇게 정립된 인성개념만이 보편적 설득력과 정당성을 인정받을 수 있다.

2. 헌법의 최고이념 : 인간의 존엄과 가치

우리 헌법은 제10조 제1문 전단에서 "모든 국민은 인간으로서의 존엄과 가치를 가지며"라고 규정하여 인간의 존엄과 가치를 명문화하고 있다. 헌법상의 인간 존엄성 규정은 5·16 군사쿠데타로 집권한 박정희 정권이 1962년 12월 26일 제5차로 헌법 개정을 할 때 신설되었다. 박정희 정권은 독일기본법 규정을 참조하여 이 규정을 신설한 것으로 보인다. 제5차 개정헌법은 제8조에서 "모든 국민은 인간으로서의 존엄과 가치를 가지며, 이를 위하여 국가는 국민의 기본적 인권을 최대한으로 보장할 의무를 진다"고 규정하고 있는데, 이는 "인간의 존엄성은 침해할 수 없다. 이를 존중하고 보장하는 것은 모든 국가권력의 의무다"라는 1949년 독일기본법 제1조 제1항의 규정과 매우 유사하기 때문이다. 당시 인간의 존엄과 가치가 어떤 이유로 헌법에 규정되었는지에 대해서는 확인할 수 있는 자료가 미비하여 명확히 알 수 없다. 추측건대 인간의 존엄과 가치에 대한 진지한 성찰을 바탕으로 규정된 것이라기보다는 정권 안보 및 헌법 개정 정당화 차원에서 규정한 것이 아닐까 싶다. 그럼에도 인간의 존엄과 가치가 일단 헌법에 명문으로 규정되자 상당한 공감과 반향을 일으키며 단숨에 헌법의 최고이념으로 격상되었다. 오늘날 인간의 존엄과 가치가 우리 헌법의 최고이념이라는 점을 부인하는 학자는 없다고 해도 과언이 아니다. 헌법학자들은 "인간의 존엄성은 자유와 평등의 출발점이며 모든 법과 권위의 기초를 이룬다는 점에서 그 누구도 인간의 존엄성이 헌법의 핵심적 가치이자 최고이념이라는 점을 부인할 수 없다"[1]고 하거나, "인간의 존엄성은 우리나라 헌법질서의 이념적·정신적인 출발점인 동시에 모든 기본권의 가치적인 핵으로서의 성격을 갖기 때문에 우리 헌법질서의 바탕이며 우리 헌법질서에서 절대적이고 양보할 수 없는 최고의 가치적인 공감대를 뜻하게 된다"[2]고 하며 인간의 존엄성이 헌법의 최고이념이자 가치임을 분명히 하고 있다. 헌법재판소도 인간의 존엄과 가치가 다른 헌법규정을 기속하는 최고의 헌법원리[3]이며, 헌법이념의 핵심[4]이라고 판시하고 있다.

그렇다면 인간의 존엄과 가치는 무엇을 의미하는가. 인간의 존엄과 가치에서 '인간'이란 '모든 국민'이라는 문구에도 불구하고 대한민국의 국민만 의미하는 것은 아니다. 대한민국의 국민은 물론 외국인을 포함하는 모든 인간을 의미한다. 외모, 지능, 성별, 사회적 지위 등의 차이와 상관없이 생물학적으로 호모 사피엔스라는 종(種)에 속하는 모든 생명체가 인간으로서의 존엄과 가치를 지닌다는 것이다. 소위 돈 있고 힘 있고 빽 있는 사람만 존엄한 것이 아니라 돈 없고 힘 없고 빽 없는 사람도 존엄하다는 것이다. 이 점에 대해서는 모든 헌법학자들이 같은 의견이다. 그러나 '존엄과 가치'가 무엇을 뜻하는지에 대해서는 헌법학자마다 견해가 다르다. 크게 존엄과 가치를 구별하여 이해하는 견해와 존엄과 가치를 통일적으로 파악하는 견해로 나뉜다. 전자는 인간의 존엄이

[1]_ 장영수, 《헌법학》, 홍문사, 2014, 561~562면.

[2]_ 허영, 《헌법이론과 헌법》, 박영사, 2011, 515~516면.

[3]_ 헌재, 1992. 10. 1. 91헌마31 결정.

[4]_ 헌재, 1992. 4. 14. 90헌마82 결정.

참사람 됨의 인성교육

란 인간을 인간으로 만드는 인격 그 자체이고 인간의 가치란 인간의 독자적 평가라고 보고,[5] 후자는 인간의 존엄과 가치란 인간의 본질로 간주되는 존귀한 인격주체성,[6] 또는 인간이 지니는 윤리적 가치로서 그 자체 인간이기 때문에 가지는 정체성과 고유한 가치[7] 등으로 본다. 영미법계 헌법에서는 인간의 존엄과 가치를 'human dignity'로 지칭하는데, 우리말의 '존엄과 가치'와는 어의적인 의미는 다르나 헌법적으로는 'human dignity'를 의미한다는 점에서 양자를 통일적으로 파악하는 것이 타당하다.[8] 따라서 인간의 존엄과 가치는 인간의 존엄성이라고 달리 표현할 수 있다. 이하 인간의 존엄과 가치를 인간의 존엄성으로 부르기로 한다.

3. 인간 존엄성 살펴보기

(1) 인간 존엄성의 보편화와 세속화

존엄성의 사전적 의미는 '감히 범할 수 없이 높고 엄숙한 성질'이다. 존엄성은 범접할 수 없는 높고 엄숙한 그 무엇이라는 것이다. 이를 보다 구체적으로 파악하기 위해 먼저 서구 역사에서 존엄성의 의미가 어떻게 사용되어 왔는지를 살펴본다.

고대 로마에서는 존엄성이란 공적인 삶을 영위하는 특별한 인물이 가지고 있던 높은 지위의 존귀함을 뜻했다. 이들의 탁월한 지위에서 기인하는 특별한 명성이 존엄성의 토대를 이뤘다.[9] 로마 제국의 초대황제의 이름은 아우구스투스(Augustus)였는데 아우구스투스란 세상에서 가장 존엄한 자를 뜻한다. 아우구스투스의 원래 이름은 옥타비아누스였으나 그가 안토니우스와의 권력투쟁에서 승리하여 로마의 일인자가 되자 원로원은 아우구스투스라는 칭호를 부여했다. 일인자이므로 최고로 존엄한 자가 되는 것이다.

이처럼 개별적 인물의 특권과 관련된 존엄성 개념은 중세에 들어와

5_ 김철수, 《헌법학신론》, 박영사, 1994, 230면.

6_ 권영성, 《헌법학원론》, 법문사, 2010, 377면.

7_ 정종섭, 《헌법학원론》, 박영사, 2010, 400면.

8_ 정종섭, 위의 책, 400면.

9_ 크리스토프 멘케·아른트 폴만, 정미라·주정립 옮김, 《인권철학입문》, 21세기북스, 2012, 162면.

10_ 위의 책, 162면.

기독교 신학의 틀 속에서 보편화되었고 신적인 전체 질서 속에서 인간이 차지하는 특권적 지위와 역할로 옮겨지게 되었다.[10] 성경을 보면, "하나님이 자기 형상 곧 하나님의 형상대로 사람을 창조하시되 남자와 여자를 창조하시고"(창 1:27)라고 나와 있다. 또한 "하나님이 그들에게 복을 주시며 하나님이 그들에게 이르시되 생육하고 번성하여 땅에 충만하라, 땅을 정복하라, 바다의 물고기와 하늘의 새와 땅에 움직이는 모든 생물을 다스리라 하시니라 하나님이 이르시되 내가 온 지면의 씨 맺는 모든 채소와 씨 가진 열매 맺는 모든 나무를 너희에게 주노니 너희의 먹을거리가 되리라"(창 1:28-29)라고 나와 있다. 중세 기독교에서는 위 성경 구절을 근거로 인간은 비록 신의 창조물이기는 하나 만물 중에서 유일하게 신의 형상을 지녔기 때문에 다른 피조물과는 질적으로 구분되며 그 자체로서 존엄성을 지닌다고 봤다. 또한 존엄한 인간은 만물의 영장으로서 다른 모든 피조물들을 성복하고 지배할 수 있는 특권을 누린다고 봤다.

위와 같이 보편화된 존엄성 개념은 르네상스의 과정을 거치고 근대에 들어오면서 계몽주의의 영향을 받아 세속화되었다. 르네상스 시대 천재로 알려진 피코 델라 미란돌라(Pico della Mirandola)는 1486년 그의 저서 《인간 존엄성에 관한 연설》에서 인간이 손엄한 이유를 인간의 자유의지와 과학적 능력에서 찾아 세속화의 길을 열었다. 17세기 이후 계몽주의가 꽃을 피우면서 이성 중심의 사고가 만연해지자 인간존엄성의 근거 역시 신적인 권위가 아니라 이성에서 찾게 되었고 인간은 동물과 달리 이성을 지닌 자율적 존재이므로 존엄하다고 보는 입장이 설득력을 더해갔다. 이와 같은 입장을 대표하는 인물로는 임마누엘 칸트(Immanuel Kant)를 들 수 있다. 칸트는 이성에 의해 지도되는 인격체로서의 자율성이 인간 존엄성의 근거라고 했다. 즉 동물을 비롯한 자연의 모든 사물은 이미 정해진 법칙에 따르고 있으나 인간은 스스로 세운 법칙 이외에 어떤 법칙에도 따르지 않는 이성적이고 자율적인 존재이기

참사람 됨의 인성교육

때문에 존엄하다는 것이다. 또한 인간은 그 자체로 존엄한 존재이므로 항상 목적적으로 대해야 하며 어느 누구도 인간을 수단으로 사용할 수 없다고 본다. 오늘날 서구의 주류적 입장은 칸트의 견해에 힘입어 인간은 만물 중에서 유일하게 이성을 지닌 자율적 존재이므로 신적인 권위에 의지할 필요 없이 존엄성을 지닌다고 본다.

(2) 문화유형에 따른 검토
1) 개인주의-집단주의 문화유형

서구인들은 자율성과 이성을 매우 중시한다. 따라서 "인간은 자율적인 이성을 지닌 존재이므로 존엄하다"라는 말에 가슴 깊이 공감할 수 있다. 인간의 존엄성을 자율적인 이성에서 구하는 것이 서구의 주류적 입장으로 자리하게 된 까닭이기도 하다. 그러나 우리나라 사람 중에서 그 말을 듣고 가슴 깊이 공감하는 사람이 몇이나 될까? 대부분 별다른 느낌이나 감흥이 없을 것이다. 그 이유로는 여러 가지를 들 수 있으나 문화유형 차이에서도 그 까닭을 찾아볼 수 있다. 오늘날 문화유형 차이를 연구하는 주류적 방법은 개인주의-집단주의로 분류하여 비교 연구하는 것이다.[11] 이에 의하면 개인주의와 집단주의라는 문화유형의 차이가 인간관의 차이를 가져오고 인간존엄성의 근거에 대한 이해와 공감도 달리하게 만든다는 논리가 성립한다. 일반적으로 개인주의는 서구의 지배적인 문화유형으로 보고, 집단주의는 동양의 지배적인 문화유형으로 본다. 그렇다면 다음과 같은 질문을 제기할 수 있다. 왜 서구에서는 개인주의가 지배적인 문화유형이 되었는가. 개인주의에 입각한 인간관은 어떠한 것인가. 개인주의와 인간존엄성은 어떠한 관련이 있는가. 동양의 집단주의에 대해서도 마찬가지 질문을 할 수 있다. 이에 서구의 개인주의와 동양의 집단주의를 차례로 살펴본 다음 두 문화의 통합적인 관점에서 인간존엄성의 근거에 대해 살펴보고자 한다.

11_ 조긍호, 《한국인 이해의 개념틀》, 나남출판, 2003, 105면.

2) 서구의 개인주의

서구의 개인주의는 고대 희랍철학에 뿌리를 두고 있다. 고대 그리스인들은 인간을 독특한 특성과 목표를 가진 상호 개별적인 존재로 파악하여 개인의 자율성을 중시했다.[12] 리처드 니스벳(Richard E. Nisbett)에 따르면 그리스는 무역과 교역에 유리한 자연환경과 도시국가와 공화정체라는 정치체제로 인해 집단적인 협동이 크게 요구되지 않았고 개인들은 다양한 영역에서 상당한 자율권을 행사할 수 있었다. 그런 영향으로 그리스인들은 사람이나 사물을 파악할 때 그것이 속한 전체 맥락과의 관계를 고려하기보다는 사람 자체, 사물 자체에 주목했고 현상의 원인을 설명할 때에도 사물 자체의 내부 속성을 주로 살폈다. 세상은 원자화된 사물들로 구성되어 있고 각 사물의 행동은 그 사물의 내부 속성에 의해 결정된다고 본 것이다.[13] 그런 환경과 사고방식 때문에 그리스에서는 자연스럽게 개인주의가 발달하게 된 것이다. 그리스에서 꽃 피운 개인주의는 그 후 서구인의 정신세계에 지속적으로 영향을 미치면서 서구의 지배적인 문화가 되었다. 이러한 서구의 개인주의는 평등하고 자율적인 존재인 개인이 갖는 천부적인 자유와 권리, 그리고 보편적인 이성을 중시하는 자유주의 이념에서 그 절정을 맞게 되었다.[14] 서구에서는 인간의 실체를 원자화된 개인으로 보고, 인간의 본질을 자율적인 이성에서 찾는다. 인간 존엄성의 근거를 자율적인 이성에서 찾는 것이 서구에서는 자연스럽다.

3) 동양의 집단주의

우리나라, 중국, 일본 등 동양의 지배적인 문화유형은 서구와 같은 개인주의라기보다는 유학사상에 뿌리를 둔 집단주의이다.[15] 우리나라의 경우 젊은 세대일수록, 교육수준이 높을수록 개인주의 성향이 강해 개인주의와 집단주의가 혼재해 있다고도 볼 수 있으나 대부분의 연구들에서 우리나라는 아직 전반적으로 집단주의적인 경향이 강한 문화를

12_ Richard E. Nisbett, 최인철 옮김, 《생각의 지도》, 김영사, 2004, 28면.

13_ 위의 책, 190~194면.

14_ 김문조 외, 《한국인은 누구인가》, 21세기북스, 2013, 156면.

15_ 위의 책, 107면.

참사람 됨의 인성교육

보유하고 있는 것으로 드러나고 있다.[16] 집단주의가 동양의 지배적인 문화유형이 되기까지는 중국의 영향이 크다. 니스벳에 따르면 고대 중국의 자연환경은 넓고 비옥한 평원으로 이뤄져 농경에 적합한 지역이었다. 농경민들에게는 이웃과 화목한 삶을 통한 집단적 협동이 중요했다. 관개공사의 경우 그 필요성은 더욱 컸고 중앙집권적 권력구조를 발달시켰다. 그러다 보니 중국은 그리스와는 달리 문화적 동질성이 매우 강했다. 중국인들은 사람이나 사물을 파악할 때 사람 자체, 사물 자체에 주의를 기울이기보다는 그것이 속한 전체 맥락과의 관계를 주로 고려했다. 즉 이 우주는 독립적이고 불연속적인 원자들의 결합이 아니라 연속적인 관계들의 유기체라고 본 것이다. 따라서 어떤 현상의 원인을 설명할 때도 개별적인 개체들의 내부 속성으로 설명하기보다는 그 개체가 속한 전체 맥락과의 관계 속에서 설명하려고 한다.[17] 우리나라 역시 사회 자체를 하나의 유기체로 보며 개인보다는 집단을 중시하는 집단주의의 경향을 띠고 있다.[18] 그 결과 서구와는 달리 인간의 실체를 원자화된 개인이 아니라 관계 속의 존재로 보고 성숙한 사람일수록 사인이 아닌 공인의 마음과 인격을 가져야 한다고 믿는다.[19] 또한 인간의 본질을 이성이 아닌 인(仁)·의(義)·예(禮)·지(智)의 도덕성에서 찾는다.[20] 따라서 우리나라의 경우 인간존엄성의 근거를 자율적 이성보다는 인간관계에 바탕을 두고 도덕성에서 구하는 것이 보다 자연스럽다. 인간이 존엄한 이유는 이성을 가진 자율적인 존재이기 때문이 아니라 도덕성을 지닌 사회적 존재이기 때문이라는 것이다.

(3) 홀론(holon)과 헌법상의 인간상

모든 사물은 독립적인 전체로서만 존재하지도 않고, 종속적인 부분으로서만 존재하지도 않는다. 사물은 독립적이고 자율적인 전체인 동시에 종속적이고 유기적인 부분으로 존재한다. 예컨대, 온전한 원자 하나는 원자의 차원에서는 독립적인 전체이나 분자의 차원에서는 분자의

16_ 위의 책, 113면.

17_ Richard E. Nisbett, 위의 책, 190~194면.

18_ 김문조 외, 위의 책, 156면.

19_ 최상진, 《한국인의 심리학》, 중앙대학교출판부, 2007, 129면.

20_ 위의 책, 158면.

종속적인 부분을 이룬다. 그 온전한 분자 역시 분자의 차원에서는 독립적인 전체이나 세포의 차원에서는 세포의 부분에 해당한다. 그 온전한 세포 역시 유기체의 부분을 이루고 그 온전한 유기체도 동시에 공동체의 부분을 이룬다. 이처럼 사물은 모두 전체인 동시에 부분으로도 묘사될 수 있다는 특징을 지니고 있다. 아서 캐슬러(Arthur Koestler)는 이러한 사물의 특성을 로마신화에 나오는 두 얼굴의 야누스와 같은 실재로 파악하고 이를 적절하게 표현하기 위해 홀론이라는 용어를 창안했다. 홀론은 그리스어로 전체라는 의미를 가진 '홀로스'(holos)와 조각이나 부분을 뜻하는 '온'(on)을 합성한 용어다.[21] 즉 전체인 동시에 부분이라는 뜻이다. 이 개념은 오늘날 존재의 실상을 설명하는 유용한 개념으로 널리 활용되고 있다. 인간은 홀론으로 존재한다. 인간은 하나의 전체로서 독립성을 가진 존재인 동시에 사회의 부분으로서 종속적이고 상호의존적인 존재라는 것이다. 인간은 개인과 집단 양 측면에서 동시에 존재한다. 우리 안에는 다른 사람들로부터 독립하여 자신만의 고유한 존재로 살아가려는 자율적인 속성과 다른 사람들과 더 친밀한 관계를 유지하며 더불어 살아가려는 연대적인 속성이 혼재한다. 이 중 어떤 속성이 더 강하게 부각되느냐에 따라 서로 다른 문화적 특징을 보이는 것이다.[22] 인간 존엄성의 근거가 설득력을 지니고자 한다면 이러한 인간 존재의 양면성과 인간 문화의 이중성을 반영해야 할 것이다. 즉 인격의 자율적인 측면과 연대적인 측면 모두에서 인간 존엄성의 근거를 찾아야 한다는 것이다.

이러한 관점은 헌법상의 인간상과도 부합한다. 여기서 인간상이란 인간으로서 마땅히 갖춰야 할 모습을 말한다. 헌법은 개인과 공동체라는 관점에서 인간을 개인주의, 집단주의, 인격주의로 나눠 바라본다. 개인주의 인간관은 인간을 독립적이고 자율적으로 살아가는 원자화된 개인으로 보고 개인의 자유와 행복을 최고의 가치로 여긴다. 집단주의 인간관은 인간을 공동체나 집단의 구성 부분으로 보고 개인의 자율성보

21_ Arthur Koestler, 최효선 옮김, 《야누스》, 범양사출판부, 1994, 47면.

22_ Richard E. Nisbett, 위의 책, 229면.

참사람 됨의 인성교육

다는 관계 속의 조화를 강조하며 심지어는 전체를 위한 개인의 희생을 요구한다. 인격주의 인간관은 인간 존재의 양면성과 인간 문화의 이중성을 수용하여 인간을 자율적이자 연대적인 존재로 보고 양 측면을 통합하여 인간다움을 추구한다. 개인주의나 집단주의는 모두 인간을 어느 한쪽의 극단으로만 이해하고 있다는 점에서 설득력이 떨어진다. 헌법학계에서는 인격주의 관점에서 인간을 이해하는 것이 지배적인 입장이다. 헌법재판소도 헌법상의 인간상에 대해 "우리 헌법질서가 예정하는 인간상은 자신이 스스로 선택한 인생관·사회관을 바탕으로 사회공동체 안에서 각자의 생활을 자신의 책임 아래 스스로 결정하고 형성하는 성숙한 민주시민인바, 이는 사회와 고립된 주관적 개인이나 공동체의 단순한 구성분자가 아니라, 공동체에 관련되고 공동체에 구속되어 있기는 하지만 그로 인하여 자신의 고유가치를 훼손당하지 아니하고 개인과 공동체의 상호연관 속에서 균형을 잡고 있는 인격체라 할 것이다"라고 판시하여 그 취지를 같이하고 있다.[23] 이처럼 헌법상의 인간상은 자율적인 동시에 연대적인 인간이다.

23_ 헌재, 2003. 10. 30. 2002 헌마518 결정.

(4) 인간 존엄성의 의미

인간의 존엄성은 인격의 자율적인 측면과 연대적인 측면 모두에서 실현되어야 한다. 따라서 인간의 존엄성이란 인간의 본질로 간주되는 존귀한 인격의 내용을 이루는 자율성과 연대성이라고 정의 내릴 수 있다. 자율성은 자신의 내면에 대한 깊은 성찰을 통해 만날 수 있는 참된 주체인 본성에 근거하고 있다. 인간은 참나인 본성을 진정으로 깨닫게 되면 진정한 자유를 얻을 수 있다. 인간은 그러한 자유를 누릴 때 자신이 스스로 선택한 인생관·사회관을 바탕으로 사회공동체 안에서 각자의 생활을 자신의 책임 아래 스스로 결정하고 형성할 수 있다.[24] 자율성이 결여되면 합리적 주체로서 자기를 실현하며 살아갈 수가 없게 된다. 연대성은 유기적으로 연결되고 조화를 이루는 하나의 생명공동체로 존재

24_ 헌재, 2003. 10. 30. 2002 헌마518 결정.

하는 온생명적인 본성에 토대를 둔다. 인간은 다른 사람이나 공동체로부터 단절되어 고립되어 존재하는 것이 아니라 그물의 그물코처럼 겹겹으로 무궁무진하게 서로 의지하고 도우며 이루어지고 활동하는 총체적인 생명공동체로 존재한다.[25] 우리 삶은 본질적으로 상호의존적인 관계망으로 연결되어 있는 것이다. 인간이 그러한 자각을 얻을 때 비로소 소통과 공감을 통한 일치를 추구할 수 있게 된다. 연대성이 결여되면 타인의 고통과 아픔에 공감할 수 없게 된다. 이기주의라는 자기만의 성에 갇히게 되는 것이다. 이처럼 인간의 존엄성은 인간의 삶 속에서 인격의 두 축인 자율성과 연대성이 조화를 이루며 한껏 발현이 될 때 비로소 실현되는 것이고 그것이야말로 진정으로 인간다움에 이르는 길이다.

(5) 우리 민족의 인간 존엄성 사상

우리 민족은 수천, 수만 년 전부터 해 뜨는 동쪽, 밝고 따뜻한 나라, 풍성한 생명의 나라를 찾아 길을 떠나 중앙아시아의 우랄 · 알타이 산맥을 넘어 북몽골족이 세력을 떨쳤던 바이칼 호를 거쳐 동북아 지역으로, 다시 만주를 거쳐 한반도에까지 이르렀다. 밝고 따뜻한 삶을 향한 이러한 오랜 순례의 길에서 우리 민족은 깊은 생명사랑과 강인한 생명력을 익혔다.[26] 순례의 길에서 체득된 우리 민족의 이러한 자질은 동북아시아의 풍요한 자연조건과 경제 · 사회적인 생활양식을 통해 닦여졌다. 고대 한민족은 동북아시아의 비교적 광활한 영역에 걸쳐 살아왔다. 하천이 비교적 알맞게 발달한 유역에다 토질도 대체로 비옥하다. 온대 지방이므로 철따라 만물의 성숙과 결실이 다채롭고 풍성하다. 이 같은 자연환경을 바탕으로 한민족은 생명과 평화에 대한 깊은 사랑을 발전시켰고 마을 공동체를 통해 더불어 사는 지혜와 능력을 익혔다.[27] 그러한 까닭에 고대 중국에서는 한민족을 동이(東夷)라 부르며 찬사를 보냈다. 《후한서》(後漢書) 〈동이전〉(東夷傳)을 보면 동이의 뜻을 "동방을 이(夷)라 하며 이(夷)는 근본(根本)이다. 어질고 착하며 만물을 낳게 하고

25_ 도법스님, 《그물코 인생 그물코 사랑》, 불광출판사, 2008, 56면.

26_ 이경숙 외 2인, 《한국생명사상의 뿌리》, 이화여자대학교 출판부, 2001, 39면.

27_ 위의 책, 41면.

참사람 됨의 인성교육

땅에 뿌리를 내리고 나온다는 말이다. 그러한 까닭에 타고난 바탕(天性)이 부드럽고 순리에 따라 살며 도(道)로 다스리기가 쉬우며 군자가 있어 죽지 않는 나라이다"라고 했고, 노자(老子)는 '큰 도(道)가 성한 것(大道甚)'을 이(夷)라고 풀이했다.[28] 또한 《예기》(禮記) 〈왕제편〉(王制篇)에서는 서융, 남만, 북적을 비난하면서 동이는 "어질어서 만물을 살리기를 좋아한다"고 했다.[29]

생명평화를 사랑하는 우리 민족의 정체성을 담은 단어가 '한'이다. 우리 민족은 한겨레이고, 우리나라는 한국이며, 우리 음식은 한식이고, 우리글은 한글이다. '한'은 예로부터 오늘날까지 한국인의 삶과 정신을 받쳐 주고 있는 바탕인 것이다. '한'의 의미는 매우 다양하나 그 기원을 '크다, 하나'에서 찾을 수 있다. 이윤재는 《한글강의》에서 "한글의 '한'은 우리의 고대 민족의 이름인 한족(桓族)이나 한국(桓國)으로 거슬러 올라가며 '한'의 기원은 크다(大) 하나(一)라고 한다"고 했다.[30] 한을 크다(大)는 의미로 해석하는 것은 처음과 끝이 없으며 시간적 제한도 받지 않는 큰 하나로서 천지 만물을 포괄한다는 뜻이다. 또 하나(一)로 해석할 경우 이것은 천지 만물 근원이 되는 것으로 모든 사물이 이로부터 전개되는 것을 의미한다. 이처럼 한은 크고 높다는 뜻으로 쓰이는 외에 모든 것의 근원인 하나라는 의미로도 쓰인다.[31] 우리 민족의 정체성인 '한'은 하늘을 가리키는 말이기도 하다.[32] '큰 하나'를 뜻하는 '한'은 하늘과 연결된다. 큰+하나=하늘(大+一=天)이다.[33] 하늘은 한없이 깊고 무한히 넓다. 그런 하늘의 속성을 잘 담아낸 사상이 바로 동학의 시천주 사상과 함석헌의 씨올 사상이다.

시천주 사상은 인간은 하늘을 모시고 사는 존엄하고 평등한 존재라고 가르치며 인간 존엄성의 양대 축인 자율성과 연대성을 영적인 상징인 하늘에 비유하여 설명한다. 시천주 사상에 의하면 인간은 하늘을 모신 존재로서 인간 안에 하늘이 있고(내유신령), 인간은 하늘로 인해 만물과 연결되어 있으므로(외유기화) 존엄하다. 여기서 내유신령은 자율

28_ 신완순, '후한서 동이전을 통해 본 고조선 역사', 《통일한국》 제302호, 평화문제연구소, 2009, 86면.

29_ 이경숙 외 2인, 위의 책, 40면.

30_ 이근철, 《한사상과 문화》, 엠-에드, 2003, 28면.

31_ 이근철, 위의 책, 31, 32면.

32_ 박재순, 《한국생명신학의 모색》, 한국신학연구소, 2000, 44면.

33_ 박재순, 《함석헌의 철학과 사상》, 한울아카데미, 2012, 173면.

성을, 외유기화는 연대성을 영적으로 표현한 것이다. 인간 안에 하늘이 있기에 인간은 자율적이고 주체적인 존재다. 이 점은 인간존엄성의 근거를 자율적인 이성에서 찾는 서구의 개인주의와 상통한다. 또한 인간은 하늘로 인해 만물과 연결되어 있으므로 상호의존하고 배려하는 연대적인 존재이다. 이 점은 인간존엄성의 근거를 사회성과 도덕성에서 찾는 동양의 집단주의와 상통한다. 이처럼 시천주 사상은 하늘을 숭상하는 우리민족의 전통적인 정서를 충분히 반영하면서도 서구의 개인주의와 동양의 집단주의를 통합하여 인간 존엄성의 근거를 설득력 있게 설명할 수 있다는 강점이 있다.

함석헌 사상의 알맹이인 씨올은 우리 민족의 전통 사상을 바탕으로 하여 동양과 서양의 정신과 문화를 통합했을 뿐 아니라 헌법상의 존엄한 인간을 생태적인 은유로 멋지게 표현했다는 점에서 매우 매력적이다. 씨올은 씨앗의 알갱이란 뜻으로 생명의 근원을 의미하며 순우리말이다. 씨올의 '올'에서 'ㅇ'은 공동체인 하늘을 뜻하고, 'ㆍ'는 주체인 하늘을 뜻하며, 'ㄹ'은 주체와 전체의 조화 속에서 활동하는 생명을 뜻한다. 자율성과 연대성을 기반으로 하늘처럼 존엄하게 사는 인간이 바로 씨올이라는 것이다. 존엄한 인간이 씨올인 것이다.

함석헌은 동학에 대해 혹평을 했다. 동학은 미신적 요소가 있어 진보적이라 할 수 없고 민중을 깨우지도 못했다는 것이다.[34] 그럼에도 함석헌의 씨올과 동학의 시천주는 유사한 사유구조를 공유하고 있다는 점이 흥미롭다. 씨올을 시천주와 대비하여 보면, 씨올의 'ㆍ'는 '내유신령'을 말하는 것이고, 'ㅇ'은 '외유기화'를 말하는 것이다. 'ㄹ'은 '각지불이'를 말하는 것이다. 즉 'ㆍ'와 '내유신령'은 인간 본성의 자율성을 표현하는 용어이고, 'ㅇ'과 '외유기화'는 인간 본성의 연대성을 표현하는 용어이며, 'ㄹ'과 '각지불이'는 자율적이고 연대적으로 살아가는 것을 표현하는 용어인 것이다. 이처럼 씨올과 시천주의 사유구조가 유사한 이유는 둘 다 '한'이라는 우리 민족의 마음바탕을 기반으로 하면서도 동서양

34_ 위의 책, 380~381면.

참사람 됨의 인성교육

의 정신과 문화를 통합하려는 노력이 있었기 때문이다.

4. 인성 개념의 탐구

앞서 인성의 개념은 학자에 따라 다양한 의미로 쓰이고 있고, 이런 상황에서 인성의 개념에 대해 모두가 동의할 수 있는 정의를 내리는 것은 쉽지 않은 일이라고 말했다. 그럼에도 학자들의 다양한 정의를 면밀하게 분석해 보면 일정한 경향성을 지니고 있음을 알 수 있다. 인성에 대한 학자들의 다양한 정의를 다음과 같이 예시해 본다.[35]

35_ 교육부, 《인성교육 비전 수립을 위한 정책연구》, 진한엠엔비, 2014, 38면.

① 보다 긍정적이고 건전한 개인의 삶과 사회적 삶을 위한 심리적, 행동적 특성 — 현주 외(2007)

② 자신의 내면적 요구와 사회 환경적 필요를 지혜롭게 잘 조화시킴으로써 세상에 유익함을 미치는 인간의 특성 — 조연순(2008)

③ 사람의 성품이며, 성품은 성질과 품격, 성질은 마음의 바탕이고 사람됨의 바탕을 가리키는 말 — 남궁달화(1999)

④ 다른 사람에게 주는 그 사람의 전체적인 인상으로 성품, 기질, 개성, 인격 등 가치개념의 의미를 내포 — 이윤옥(1998)

⑤ 사람의 마음이 바탕이 어떠하며, 사람의 모습이 어떠하다는 것을 말하는 개념으로 사람의 마음과 사람됨이라는 두 가지 요소로 구성 — 한국교육학회(1998)

⑥ 좁게는 도덕성, 사회성 및 정서(감정)을 의미, 넓게는 지·덕·체 또는 지·정·의를 모두 골고루 갖춘 전인성 — 이근철(1996)

⑦ 환경에 대응함으로써 나타내게 되는 행동 및 태도, 동기, 경향성, 인생과정들의 총합, 사람들에게 있어 시간과 상황에

걸쳐 지속되는 독특한 구조이며, 인성은 어떠한 경험을 하

느냐에 따라 크게 변화될 수 있다는 의미를 포함 ― 황옹연

(1992)

⑧ 인성은 태어나면서 지니고 있는 성격이나 특질의 개념이 아

니라, 의도적 교육이나 학습에 의해 습득되거나 변화가 가능

한 인간의 성품을 지칭하는 것 ― 조난심(2004)

⑨ 존중, 공정성, 보살핌 등의 도덕적, 윤리적 가치와 책임감,

신뢰, 시민성 등을 망라하는 개념으로, 개인 또는 집단의 정

서적, 지적, 도덕적 자질은 물론 이러한 자질들이 친사회적

으로 발현되는 것을 포함하는 것 ― 미교육부(2007, 2008)

인성에 대한 위 정의들을 종합해 볼 때 인성의 개념은 학자에 따라 다

소 편차가 있기는 하나 개인적인 요소와 사회적인 요소가 모두 포함되

는 총체적인 경향을 띤다는 점을 알 수 있다.[36] 이는 인간이 자율성과

연대성을 모두 아우르는 홀론으로 존재하기 때문이다. 그런 까닭에 헌

법상의 인간상도 인간을 나됨의 삶을 살아가는 자율적인 인간인 동시

에 다른 사람과 더불어 살아가는 연대적인 인간이라고 보는 것이다. 그

렇다면 인성 역시 헌법상의 인간상에서 살펴본 바와 같이 자율성과 연

대성을 두 축으로 하여 그 개념을 파악하는 것이 타당하다. 동시에 인

성의 개념은 헌법의 최고이념인 인간의 존엄성을 바탕으로 정립되어야

한다. 그래야 인성의 개념이 보편적인 설득력과 정당성을 얻을 수 있

다. 한편, 인성법은 인성교육의 목적을 인간다운 성품과 역량을 기르

는 것이라고 규정하고 있다. 인성교육을 통해서 도달하거나 실현하고

자 하는 가치로 인간다운 성품과 역량을 들고 있는 것이다. 이에 의하

면 인성이란 인간다운 성품과 역량을 뜻하는 것이다. 이때 '인간다운'에

서의 인간이란 인간의 존엄성을 구현하는 자율적이고 연대적인 인간,

즉 헌법상의 인간인 씨올을 말한다. 따라서 인성이란 인간의 존엄성을

구현하는 주체적이고 공동체적인 성품과 역량이라고 정의할 수 있다.

5. 마치며

인간의 존엄성이란 인간의 본질로 간주되는 존귀한 인격의 내용을 이루는 자율성과 연대성이라고 말할 수 있는데, 이를 요약하면 인간다움을 뜻한다. 인간의 존엄성은 인간의 삶 속에서 인격의 두 축인 자율성과 연대성이 모두 발현이 될 때 비로소 실현되는 것이고 그때 비로소 진정으로 인간다운 삶을 살게 되는 것이다. 우리는 그런 삶을 사는 사람을 씨올이라 부른다. 씨올의 삶을 살기 위해서는 씨올의 인성이 필요하다. 씨올의 인성이란 인간의 존엄성을 구현하는 자율적이고 연대적인 성품과 역량을 말한다. 씨올의 인성을 함양하기 위해서는 첫째, 나됨의 삶을 자각하여 합리적 주체로서 살아가는 성품과 역량을 갖춰야 한다. 둘째, 소통과 공감을 통해 하나로 어우러지며 더불어 살아가는 성품과 역량도 지녀야 한다. 그렇다면 어떻게 해야 그런 성품과 역량을 키울 수 있는가? 그 질문에서 바로 인성교육의 목적과 방향성이 나오는 것이다. 지금까지는 인성교육 수행에 주로 성격심리학과 상담심리학을 학문적 기초로 삼아 개발된 심리교육 위주의 프로그램을 사용해 왔다. 이러한 프로그램 개발 방식은 과학성과 객관성을 담보할 수 있다는 큰 장점이 있다. 그러나 인성교육의 관심은 심리적 특성으로서의 인성이 아니라 존엄한 인간인 씨올의 양성에 있다는 점에 비춰볼 때 심리학 위주의 인성교육으로는 한계가 분명하다. 인성교육 프로그램을 개발하는 경우에 있어서 심리학적 접근 못지않게 헌법학적 접근이 요구된다. 규범과 과학의 종합이라는 차원에서라도 헌법학적 접근방법과 심리학적 접근방법을 동시에 활용하는 인성교육 프로그램을 개발하는 것이 중요하고도 시급한 과제라 할 것이다.

5장

피고용 노동 현실에서의 인성교육
— 직업과 인성교육

일과 직업의 의미를 다시 해석하고 일과 직업에서
참 사람이 되어 가는 길, 일을 제대로 하는 법을 찾아야 한다. 이를 위해서는
단단하게 영근 인성과 인성교육이 요구된다. 일과 직업은 인성을 펼쳐 보이는
마당이자 인성을 수련하는 배움의 마당이 되어야 한다. 직장에 적응하고
순응하는 데 필요한 인성뿐 아니라 일에 의해 인간다움이 훼손되는 것을 분별하고
거부할 수 있어야 한다. 그래서 일하는 사람에 대한 안목을 더 넓고 깊게
할 수 있는 인성과 인성교육이 요구된다.

▪ 임세영

충남대학교(학사)와 서울대학교 대학원(석사)에서 공업교육학을 공부했다.
직업훈련연구소에서 기술교육매체개발 연구원으로 3년 근무 후 독일 카셀(Kassel)
대학에서 일의 배움터에 대한 연구로 박사학위를 취득하였다. 1991년부터 직업훈련교사
양성 대학인 한국기술교육대학 교수로서 교육의 변방이라고 할 수 있는 비형식적인
직업훈련을 연구하며, 직업기술의 교육과 인적자원개발, 성인교육학 등을 가르치면서
현대사회에서 직업과 직업을 가르치는 일의 본질이 무엇인지 공부하고 있다. 전문성 발달,
엔지니어의 일과 학습, 직업생애사, 직업능력개발 등에 대한 논문을 썼고, 저서로
《인적자원개발의 기초》(박영사)가 있다.

창세기는 일의 시작을 이야기한다. 인간에게 최초로 맡겨진 일은 에덴동산을 돌보는 것이었다(창 2:15). 모양이 아름답고 먹기에도 좋은 열매를 맺는 나무가 가득 심겨 있던 에덴동산에도 일은 있었다. 그런데 선악을 알게 하는 나무 열매는 먹지 말라는 하나님의 계율을 어긴 이후 일이 달라졌다. 에덴동산에서 하던 일과 추방된 이후 주어진 일에는 어떤 차이가 있었을까? 하나님이 아담에게 벌을 내리는 장면에 양자의 차이가 나타난다. 하나님은 아담에게 "먹지 말라고 한 그 나무의 열매를 먹었으니 이제 땅이 저주를 받을 것이고, 죽는 날까지 수고를 하여야만 땅에서 나는 것을 먹을 수 있을 것이다 … 그 때까지 너는 얼굴에 땀을 흘려야 낟알을 먹을 수 있을 것이다"(창 3:17-19)라고 말한다. 이 말에서 읽을 수 있는 추방 이전과 이후에 하는 일의 차이는 '수고하여 얼굴에 땀을 흘리는 것'이다.

벌을 주려 했다면 다른 것도 많을 터인데 왜 하필 고된 일을 주었을까? 수고로이 얼굴에 땀을 흘리는 일을 하게 하여 하나님이 하시고자 하는 것은 무엇일까? 단지 징벌로 끝나지 않고 지속적으로 개입하신다는 점에서 그 의도가 드러난다. 구약에서 보듯 노아의 방주, 아브라함을 불러냄, 모세를 불러냄과 같이 신은 역사에 지속적으로 개입하고 구원을 약속하였다. 얼굴에 땀을 흘리게 한 것은 인간을 위한 구원의 섭리요 창조 사역의 연장으로서 교육이며 치유다. 자녀에게 벌을 줄 때, 왜 주는가를 생각해 보면 알 수 있다. 그것은 창조의 완성을 위한 사람 되게 하려는 교육, 즉 인성교육을 위한 것이라고 생각한다. 일을 통해 새로운 사람을 창조해 가라는 명령이다. 이것은 창세기적 인성교육이다.

창세기에서 일을 해야 하는 이유는 생존의 기본 조건인 먹을 것과 연결되어 있다. 먹고 사는 것과 원대한 교육 프로그램이 연계된 것은 여러 가지 의미를 담고 있다. 첫째, 얼굴에 땀을 흘려 먹을 것을 마련해야 하는 한 이 교육은 끝나지 않게 되어 있다. 둘째, 창조의 과정은 아프고 힘든 것임을 깨우치고 있다. 고통으로 창조 사역에 참여하게 되고 인내와 절제, 헌신과 희생의 의미를 깨닫게 된다. 일을 하는 고통, 해산의 고통은 공히 창조의 고통이다. 기쁨은 그 후에 온다. 노동을 통해 스스로 제 먹을 것을 마련하여 자신만 사는 것으로 끝나는 것이 아니라 다른 생명이 살아가도록 힘을 보태는 '살림살이', 해산의 고통과 마찬가지로 생명을 창조하는 고통 이후 기쁨이 있음을 알게 되었다. 십자가의 고통이 있어 구원의 기쁨이 오듯이 한 알의 밀알이 땅 속에 묻혀 죽어야 새싹을 낼 수 있다.

창조의 연장선 위에 있는 일과 직업의 의미가 자본주의에 의한 고용 노동이 보편화된 지금도 여전히 유효한가? 과학기술의 진보가 인간을 고된 노역으로부터 해방하고 자유와 안식을 가져다 주리라는 기대가 있다. 그러나 현실은 그렇지 못하다. 오히려 욕망과 현실 사이의 간격은 넓어지고, 빈부의 격차는 더 커지고, 미래에 대한 불안은 더 깊어간다. 일하는 것은 인간의 열망이면서 동시에 굴레다. 카프카의 소설 《변신》의 주인공 잠사(Samsa)가 무기력한 벌레로 변한 것처럼 쉼이 없는 일은 인간을 지치게 한다. 21세기 기술과 경영 환경의 변화는 급속하고, 일하는 인간을 시험하고 가혹하게 도전한다. 욥을 시험에 빠뜨리고자 도전하였던 사탄처럼 집요하게 도전한다. '이제 너희는 창조와 무관한 존재야'라고. 그렇다고 일을 피해 달아날 수는 없다. 일을 어쩔 수 없는 고역으로 생각하고 갈등을 피하려 할수록 나와 사람을 살리는 것에서 멀어지게 된다. 단지 먹기 위해 하는 일은 인간을 포로로 예속하고 도구화하며 삶을 파편화하려 든다. 그야말로 목구멍이 포도청이 되는 것이다. 그러면 어떻게 해야 할 것인가? 오히려 더 능동적으로 일과 직업 양식과 규범을 만들고 조정하는 데 참여해야 한다.

참사람 됨의 인성교육

일과 일을 둘러싼 게임에서 도피할 것이 아니라 일의 속성을 알고 일의 정수리를 잡아 다스릴 수 있어야 한다. 일과 직업의 의미를 다시 해석하고 일과 직업에서 참 사람이 되어 가는 길, 일을 제대로 하는 법을 찾아야 한다. 이를 위해서는 단단하게 영근 인성과 인성교육이 요구된다. 일과 직업이 인성을 펼쳐 보이는 마당이자 인성을 수련하는 배움의 마당이 되어야 한다. 직장에 적응하고 순응하는 데 필요한 인성뿐 아니라 일에 의해 인간다움이 훼손되는 것을 분별하고 거부할 수 있어야 한다. 그래서 일하는 사람에 대한 안목을 더 넓고 깊게 할 수 있는 인성과 인성교육이 요구된다. 인성교육은 스스로를 만들어 가는 것이다. 더 나은 나를 만드는 신의 손길에 힘을 보태는 것이다. 자신을 하나님의 형상을 닮은 피조물답게, 자유롭고, 풍요롭고, 더불어 번영하게 하는 것은 삶의 본질로서의 일을 제대로 하는 것이요, 일하는 가운데 존재하는 것이요, 일을 통해 이웃을 살리고 또 얼을 사르며 사는 것이다.

본고는 다음 세 가지 이야기를 담고 있다. 인간에게 일과 직업은 무엇인가? 현실 자본주의 사회의 일과 직업이 창조론적 인성교육에 제기하는 도전은 무엇인가? 어떻게 현실이 제기하는 도전을 이겨내고 일과 직업을 통해 인성을 수련하고 창조해 갈 수 있을까?

일과 직업의 본질

박재순은 사람이란 "오랜 생명진화 과정에서 지어진 피조물이면서 자신의 삶 속에서 자신을 새로운 참 사람으로 지어야 하는 창조자"라고 하였다. 생명진화 과정을 창조의 과정이라고 본다면 아담에게 생기를 불어 넣는 것으로 신의 인간 창조가 끝난 것이 아니다. 지금도 계속되고 있다. 진화의 끝에 서 있는 인간은 스스로를 새로운 참 사람으로 지어가는 일에 참여하고 있는 것이다. 새로운 참 사람, 씨올은 얼굴에 땀을 흘리고 고된 노동을 하는 가운데 여물어 간다. 먹고 살아야 하는 한 해야 하는 일이기에, 지상에서 숨을 쉬고 있는 한 생명을 유지하고 번성하게 하는 '살림살이'는 지속된다. 스스로 생명의 불꽃을 사르고 또 이웃을 살리는 일을 통하여 인성을 만들어 간다. 지상의 70억 인구가 먹고사는 것은 일하기 때문이다. 그러나 먹고사는 것은 겉으로 드러난 결과이다. 복숭아에 비유하면 껍질과 과육이다. 먹고 남기는 것이 씨올이다. 창조를 향한 바통을 이어 받아 달리고 또 다음 세대에 계승할 것은 씨올이다.

일은 인간과 동물을 차별화하는 인간 고유의 특성이다. 동물과 달리 인간은 일을 하지 않고 살아갈 수 있는 조건을 타고나지 못하였다. 스스로 무엇인가를 만들어 내지 않고, 자연 상태 그대로는 살아남을 수 없다. 때문에 일을 해야 한다. 또 인간은 동물과 달리 주어진 자연 자원을 그냥 소모하기만 하는 것이 아니다. 그것을 변형하고 가꾸고 증식하기도 한다. 이 과정에서 인간은 자연과 사물의 고유한 성질과 법칙을 경험하고 발견한다. 인간은 일을 할 때 규칙과 원리를 생각하고 계획을 세워 실행한다. 이 과정에서 스스로 생각하고 행동하는 인간은 일의 대상인 사물과 다르다는 것을 경험하게 된다(헤겔, 《정신현상학》). 생존조건으로서 일은 인간에게 정신적 자기형성과정을 제공하고 자연적 본능을 절제하며 조절하는 가운데 도덕적으로 자기 극복에 이르게 하고 이론적·실용적 교육수단도 제공한다(Nölker, 1979. 24-25면).

인간은 생존의 조건 자체가 일을 하지 않을 수 없게 되어 있다(헤겔, 《정신현상학》). 얼굴에 땀을 흘려야만 먹고살 수 있다는 창세기 3장은 인간의 생존 조건과 상통한다. 일을 통해 먹고사는 문제만 해결하는 것이 아니다. 우리는 인간으로서 살아가는 데 필요한 관계와 의미도 일에 의존하고 있다. 직업을 통해 어떤 일을 계속 수행하면서 전문성을 쌓고, 일과 휴식, 규율과 여가 등 삶의 리듬을 만들고, 관계, 소속감, 효능감, 주체적인 태도와 정체성을 갖게 된다. 인간에게 일은 삶이요, 직업은 일하는 삶의 양식(樣式)이다. 그렇게 인간의 삶에 들어온 일이 하나님의 교육 수단이 되었다는 것은 일을 하나님의 창조에 참여하는 것으로 본 복음서와 일치한다.

신약성서는 일하는 하나님에 대해 얘기한다. "아버지께서는 악한 사람에게나 선한 사람에게나 똑같이 해를 떠오르게 하시고, 의로운 사람에게나 불의한 사람에게나 똑같이 비를 내려주신다"(마 5:45)라고 하며 자신을 사랑하는 사람만 사랑하거나, 형제자매들에게만 인사하고 지내지 말고 "너희 아버지께서 완전하신 것 같이" 완전할 것을 교훈한다. 요한복음 5장에서는 베데스다 못가에서 기적적 치유를 기다리던 38년 된 중풍병자를 고친 이야기가 나온다. 마침 그날이 안식일이었던 관계로 안식일을 엄격히 지키는 사람들은 안식 계율을 어긴 예수를 비판한다. 예수는 안식일 날 병자를 고친일로 비난하는 사람들을 향해 "아버지께서 이제까지 일하고 계시니 나도 일한다"(요 5:17)라고 하였다. 요한복음에서 예수의 아버지는 구체적으로 역사에 개입하고 쉬지 않고 일한다. "나는 참 포도나무요 내 아버지는 농부이시다"(요 15:1). 예수 스스로 하는 일은 아버지가 하는 일을 돕는 것이며, 내 안의 아버지가 하시는 일이라고 하였다. "아버지께서 내 안에 계시면서 자기의 일을 하신다"(요 14:10). 아버지의 창조 사역은 지속되고 있고, 아버지가 하는 일을 따라해야 할 것은 아버지의 형상대로 지어진 피조물의 책무이다. 하나님의 말씀에 따라 일하는 것은 창조에 동참하는 것이다.

복음서에는 또한 많은 일하는 사람의 모습이 나온다. 씨 뿌리는 사람(마 13:1-9; 막 4:1-9; 눅 8:4-8), 잡초를 뽑는 사람(마 13:24-30), 추수하는 사람(마 13:30), 포도원 농부(마 12:1-10), 고기 잡는 어부(마 4: 18-22), 양치는 목동(마 18: 12) 등이다. 창세기에 나온 것처럼 이마에 땀을 흘리는 사람들에 대한 이야기이다. 이것은 복음이 가난하고 슬프고 온유하게(마 5:3-5) 얼굴에 땀을 흘리는 사람들을 향한 말씀이라는 것을 보여 준다. 씨를 뿌리고 잡초를 뽑고 추수하는 일 속에는 영의 양식인 하나님의 말씀이 담겨 있다. 일하는 사람들의 곁에 있는 들의 백합화, 공중에 나는 새는 하늘의 진리를 설파하는 교재이다. 사람이 육신을 위해 먹어야 하는 빵뿐만 아니라 영혼을 위한 하나님의 말씀도 일을 통해 얻을 수 있는 것이다(신 8:3; 마 4:4 참조).

일을 존재의 본질이요 삶 자체로 보는 관점은 바울에게 계승되었다. 바울은 로마서 12장에서 그리스도 안에서 하는 새로운 생활에 대해 썼다. 그의 진심 어린 권면은 "여러분의 몸을 하나님께서 기뻐하실 거룩한 산 제물로 드리십시오. 이것이 여러분이 드릴 합당한 예배입니다"(롬 12:1)이었다. 예배는 하나님이 기뻐하시는 삶을 온 정성과 힘을 다해 사는 것이다. 그 삶의 구체적인 모습이 몸과 지체의 관계에 대한 설명에 제시되었다. 한 몸에 많은 지체를 가지고 있으나 각 지체들이 하는 일이 다르듯이 우리도 그리스도 안에서 한 몸을 이루고 있으나 각 사람은 서로 맡은 일이 다른 지체라고 하였다. 각 사람의 재능은 저마다 다르게 하나님께서 주신 신령한 선물이다. 그래서 각 사람은 자신이 받은 신령한 선물을 가지고 형제를 섬기는 가운데 자기 몸을 산 제물로 드린다.[1]

1_ "섬기는 일이면 섬기는 일에 힘써야 합니다. 또 가르치는 사람이면 가르치는 일에, 권면하는 사람이면 권면하는 일에 힘쓸 것이요, 나누어 주는 사람은 순수한 마음으로, 지도하는 사람은 열성으로, 자선을 베푸는 사람은 기쁜 마음으로 해야 합니다"(롬 12:7-8).

피고용 노동 현실의 도전

인류 역사를 통하여 사람이 하는 일의 내용과 방법은 많이 변하였다. 특히 산업혁명 이후 250여 년 동안 새로운 일도 낳이 생겨났고 일의 성격도 크게 달라졌다. 서로 연관되는 일들이 사회적으로 모아지고 분업화, 표준화, 제도화를 통해 새롭게 조직되어 사람이 지속적으로 종사하게 된 여러 직업이 등장하였다. 의사, 법률가, 교사, 전문경영인, 건축가, 숙련기술을 가진 장인(匠人), 엔지니어 등 다양한 전문직과 여러 분야의 자영업자가 등장하였다. 그리고 산업기술의 발달에 따라 일이 공장이라는 공간과 그 안에 설치된 기계와 도구에 얽매이도록 조직되고 공장 소유주에게 고용되어 일하는 사람의 규모가 커지면서 점차 '다른 사람의 지시와 명령에 따라' 일하는 피고용 노동이 보편화되었다. 생산량 증진을 위한 분업화, 표준화, 파편화와 경제 환경에 따른 고용불안

앞에 피고용 노동은 자기실현 과정과 거리가 멀어졌다. 고용주에게 노동자는 더 많은 산출과 이익을 창출하기 위한 도구이고, 노동은 임금을 받기 위한 도구가 되었다. 마르크스의 비판처럼 노동의 결과인 제품과 노동의 과정으로부터 모두 소외된 것이다. 훔볼트는 노작교육(勞作敎育)을 통해 교양적 인간 교육을 할 수 있다고 생각하였다. 훔볼트가 지향했던 18세기 사상은 20세기 초 독일의 직업교육학자 케르셴슈타이너의 직업교육이론으로 이어졌지만 오늘날 독일조차 가혹한 피고용 노동의 현실 앞에서 힘을 쓰지 못하고 있다.

그렇다. 현실세계에서 일과 직업이 누구에게나 인성을 형성하고 연마하고 성숙하는 마당이 되는 것은 아니다. 특히 피고용 노동, 즉 노동의 대가로 임금을 받고, 자율성과 독립성이 극히 제한된 상태에서 수행하는 일을 하는 사람의 경우는 전문직, 경영자, 예술가의 경우와 구분된다. 조직에 의해 개인이 수행할 일의 내용과 방법이 정해지는 직업의 세계에서는 인성이 발현되고 성장될 수 있는 곳인 동시에 인성이 억압당하고 약취될 수 있다. 이것은 일을 통해 인성을 기르고 새 사람을 지어 가려는 시도에 대한 중대한 도전이다. 현대 사회의 일과 인성의 문제는 경제, 경영, 사회, 정치, 생태, 심리 등 많은 요인들과 복잡하게 얽혀 있다. 여기에서는 고용주와 근로자 개인의 상호관계 측면에서만 문제를 살펴보고자 한다.

산업화 과정에서 소위 욕망과 정의로운 교환의 시장 원리는 고용주와 피고용인 사이의 관계에는 적용되지 않았다. 애덤 스미스가 창안한 '보이지 않는 손'은 유소년 미성년자 노동, 노예노동, 열악한 환경과 행동반경이 제한된 범위의 기계적 노동, 저임금 장시간 노동 등 먹고살기 위해 노동을 할 수밖에 없는 피고용자에게는 무자비한 손이다. 이러한 노동 현장에서 일을 창조행위의 연장선으로 바라보고, 노동을 하는 가운데 창조자의 고상한 심성을 닮아 간다는 논리는 지나치게 순박하거나 사악하다. 산업화 과정에서 등장한 도전은 노동자의 권리를 보장하는 법과 제도로 응전되었다. 노동조합의 결성을 통해 상호 연대하여 보이지 않는 손으로부터 보호되었던 것이다. 북유럽의 복지국가는 이러한 도전을 슬기롭게 극복하고 일구어 낸 결과이다. 그러나 20세기 하반기에 급격히 확산된 자동화 기계와 인공지능 로봇은 노동자를 대체하고 있다. 농업과 제조업뿐 아니라 서비스업 부문의 일자리까지 파편화되고 컴퓨터로 대체되고 있다. 이것은 새로운 도전이다.

기업은 사원들에게 일과 관련된 전문 지식과 기술을 요구하며 개인적 차원이나 사회적 차원에서 인성을 요구한다. 그래서 많은 기업이 사원을 채용할 때 '인성면접'을 실시한다. 취업준비생을 위한 인성면접 대비 훈련과정을 살펴보면 고용주가 피고용자에게 요구하는 인성이 제시되어 있다.

회사가 요구하는 인성이 무엇인가 조사해 보면 기업마다 다르다. 필자의 경험에 의하면 출퇴근 시간 등 근무수칙 지키기, 직장 상사와 동료에게 먼저 인사하기, 회사가 필요해서 야근을 해야 한다고 하면 개인 사정이 있더라도 따르기, 어려움이 있더라도 그만두지 말고 참고 견디기, 자기가 맡은 일은 끝까지 책임지고 완수하기와 같은 것들이 다수 중소기업에서 요구되는 인성 항목이다. 대기업의 경우에는 도전정신과 창의성 같은 추상적인 개념이 거론된다. 회사의 비전과 미션이 있으며, 핵심가치가 정해져 있고, 부서별 목표와 이에 따른 개인별 목표가 정해져 있다.

조직의 성과를 산출하는 능력을 총칭하는 경쟁력은 타율적 감독과 관리로 이끌어가는 조직보다 윤리적 책임성과 주체성을 갖고 자율적으로 과업을 수행하는 사원들로 구성된 조직에서 더 높게 나타난다(KBS 일요스페셜팀/정혜원, 2004). 그러므로 시키는 대로가 아니라 스스로 일을 찾아 하는 사람이 기업에서 요구된다. 모든 구성원의 경험과 지식이 존중되며 그것을 펼쳐 놓을 수 있는 장이 제공될 때 일할 만한 기업이 된다는 것이 현대식 경영지침이다. 지금까지 해오던 대로가 아니라 비판

참사람 됨의 인성교육

적으로 숙고하고 창안하여 새로운 방법을 실천하는 사람, 권위주의적인 일터나 기업 조직의 문화를 비판하고 바꿀 수도 있는 사람이 요구되고 있다. 여기에 깊은 인성교육의 필요성이 내재되어 있다.[2] 일터의 궁극적 산출이 훌륭한 사람이라고 볼 때 경영자와 피고용자가 함께 승-승(win-win)의 관계를 이룰 수 있다. 피터 셍게(Peter Senge)는 고용주는 고용주대로 피고용자는 피고용자대로 일의 의미를 알고 헌신, 몰입하는 기업을 새로운 기업, "거듭난 조직"(meta-noia organization)이라고 하였다. 나아가 이런 기업이 지속가능한 사회, 지속가능한 지구를 만들어 갈 것이라고 하였다. 그의 주장은 일터를 인성교육의 장으로 생각하는 사람에게 더욱 용기를 갖고 정진하도록 격려한다. 온유한 자가 복이 있어 땅을 유업으로 받을 것처럼 '온유한 기업'이 지속가능할 것이다.

그러나 이러한 신경영 개념의 외피만 가져오고, 내면의 욕망을 위장하는 도구로만 사용하면, 이것은 피고용자를 더욱 심층적인 예속화, 도구화로 이끄는 위기가 될 수 있다. 기업경영의 준거가 소비자의 편익증진이나 생산자의 복지를 외면한 채 주주이익 극대화에 있음이 지목되기도 한다. 20세기 초부터 과학적 관리법으로 출발한 경영학은 어떻게 하면 피고용자를 길들여 적은 비용으로 많은 노동을 하게 만들 것인가 연구하였다. 19세기 말에서 20세기 초, 과학적 관리법이 적용되기 이전의 미국 노동자들은 고용주가 감시하는 동안에는 일하지 않기, 동료들끼리 암묵적으로 합의한 할당량 맞추기 등을 통해 개인적 정체감이나 주체성을 지켰다고 한다(조안 B. 시울라, 2005). 그러나 과학적 관리법과 성과에 따른 차등적 보상제도의 도입으로 피고용자들의 이러한 전략은 무너졌고, 경영학은 그 이후로 계속 진화하고 있다. 복지제도 도입에 의한 동기 조절, 인간관계 경영, 집단역학적 훈련, 수평적 관리제도, 360도 평가제도, 팀제도, 조직문화, TQM, 리엔지니어링 등등 새로운 경영기법이 계속 등장하고 있다. 자발적 충성 유도에 역점을 기울이고

2_ 국회·교육부·문화체육관광부·경제5단체(대한상공회의소·전국경제인연합회·한국무역협회·중소기업중앙회·한국경영자총협회)가 2015년 1월 27일 오후 서울 여의도 국회의원회관에서 인성교육실천포럼 업무협약(MOU)을 체결했다는 보도는 경제계의 인성교육에 대한 관심을 나타낸다.

있는 것이다. 이러한 경영 기법이 주주 자본주의의 도구가 될 때 심층적인 인성도 도구화의 대상이 된다. 부의 축적을 위해서는 어떤 수단도 가리지 않는 자본이 요구하는 인성은 결국 '도구적 인성'이다.

한국의 대기업들은 정부 주도로 이루어진 급속한 산업화와 적극적 지원의 풍토에서 성장하였다. 그럼에도 기업의 경영정보가 근로자 단체와 공유되지 않는 경영 풍토에서 일을 통한 주체적, 전일적 성장과 인성의 실현은 거의 불가능하다. 현실적으로 일단 직업을 선택하고 직장인이 되면 많은 기업 조직은 일의 내용과 방식에 대해 선택의 여지를 개인에게 남겨 주지 않는다. 어떤 기업 조직은 개인에게 100% 조직인이 될 것을 요구한다. 그 조직의 목표와 이념을 체화한 'OO-man'이 되어야 한다는 것이다. 'OO-man'이 된다는 것은 해당 회사에 대한 주인의식(ownership)을 갖는 것을 말한다. 인성과 주인의식은 그럴 듯한 관계가 있을 것 같으나 그렇지 않다. 실제로 현실 조직에서 요구되는 '강요된' 주인의식이란 오히려 '노예의식'일 수 있다. 노예란 주인이 시키는 대로 하는 사람이다. 실제적인 소유권한이 없다. 분배에 대한 의사결정 권한이 없다. 지시에 따를 의무만 있다. 근로 계약에 따라 노동력을 제공하고 임금을 대가로 받는 것과는 차원이 다르다. 조직이 바쁘면 언제든지 야간이나 휴일을 반납할 태세가 되어 있어야 한다. 조직은 선택을 가장하여 개인에게 순응을 요구하고 관철시킬 수 있는 도구를 가지고 있다.[3] 직업 세계는 인간의 가치를 혼란스럽게 하고 인성의 파탄을 가져올 수 있는 곳이기도 하다. 이러한 현실은 자신의 주체성과 전체성을 유지하고 보호해 가려는 사람에게 무겁고 어려운 도전이다. 이는 피고용자에 대한 도전이기도 하지만 주체성과 전체성을 유지하며 일에 몰입하고자 하는 그들의 삶을 보호하고, 지속가능한 사회와 지구를 만드는 소명에 눈을 뜬 기업인들에 대한 도전이기도 하다.

3_ 최근 임금 피크제를 도입하려던 공공기관이 임금 피크제에 동의하느냐는 질문에 기명으로 답하도록 하였다. '나는 동의하지 않는다'라고 아무도 말하지 못하였다 한다. 그렇게 대답하는 사람은 방침에 내항하는 사람이고 조직에 남아 있을 필요가 없다고 지목받을 것이 뻔하기 때문이다.

참사람 됨의 인성교육

인성 배움 마당으로서 일과 직업, 어떻게 지켜낼까

앞에서 신의 창조에 동참하여 생명을 살리고 또 얼을 사르며 인성을 기를 수 있는 일과 직업이 점차 줄어들고 있는 현실이 제기하는 창세 기적 인성교육에 대한 도전을 살펴보았다. 노동의 굴레로부터 벗어나고 싶어 하였던 인간이 이제 존엄성을 지키기 위해 일자리를 놓고 기계와 경쟁해야 하는 상황에 직면하였다. 저임금의 예속적인 노동, 비정규직 노동은 늘어가지만 품위와 자존심을 지키면서 다른 사람의 삶에 공헌하고 창조에 동참한다는 의미 있는 노동은 점차 줄어가고 있는 것이다. 물론 기계를 만드는 것도 사람이지만 그 사람은 더 성능이 좋은 기계를 만들어 내기 위해 치열하게 경쟁하지 않으면 자신의 일자리를 잃어버릴 것을 알기 때문에 일로부터 벗어나지 못하는 상황에 처해 있다. 이것은 경기변동에 기인하는 일시적인 문제나 정책상의 문제가 아니라 세계가 함께 직면하고 있는 전 지구적인 문제이다. 기술은 날로 발전하고, 제품의 성능은 날로 좋아지고, 더욱 적은 노력과 땀으로 더욱 많은 곡식을 수확하고 있는데, 지구 역사상 어느 시대보다도 물질적으로 풍요로운데 땅 위에서 노동하는 사람은 행복하지 못하다. 창조에의 동참이면서 인성교육의 마당으로서 일과 직업을 어떻게 지켜낼 수 있을까? 이 문제에 대한 대안은 크게 국가·사회적 차원과 개인 차원으로 구분해 볼 수 있다. 국가·사회적 차원에서는 스위스에서 도입을 검토하고 있는 국민기본소득제도, 사회적 일자리의 창출, 자원봉사에 대한 유의미한 보수지급, 청년들을 위한 구직 및 창업지원 등 다양한 정책이 논의되고 부분적으로는 실천되고 있다. 그러나 사회·경제 정책적 대안에 대한 논의는 이 글의 범위를 벗어난다. 여기에서는 개인의 인성교육 측면에서 학교교육, 일하는 사람 개인, 그리고 고용주와 피고용인의 관계에서 실현가능한 대안을 제시해 보고자 한다.

첫째, 일과 관련된 학교교육에서 더욱 관심을 갖고 노력해야 할 것이 인성교육이다. 청년층 실업문제가 심각해지면서 학교는 학생의 일과 직업 준비를 점점 중요한 임무로 생각하게 되었다. 엄연히 교육기본법이 존재하는데도 인성교육법을 또 제정할 수밖에 없는 현실은 학교교육이 보편적 인성보다는 전문적·단편적 지식 교육에 치중해 있음을 보여 준다. 그러나 행복하게 직업을 영위하도록 준비하는 전문성교육과 인성교육은 별개가 아니다. 지시와 명령에 따라 움직이는 기계가 아니라 살아 숨 쉬는 인간으로서, 자유의 실현 공간으로서 일을 하는 사람이 되는 능력은 일하는 방법이나 일하는 데 필요한 지식과 더불어 배운다. 주체성, 전일성, 관계는 도구적 전문성을 살리고 의미 있게 한다. 경험과 시행착오를 통해 배우고 터득하고 연습하고 연마하여 숙달해야 하는 능력이다. 제대로 된 전문성 육성을 위한 직업교육을 하려면 주체성, 전일성, 관계 역량을 함께 길러야 한다. 이것은 학교교육만이 아니라 평생 스스로 키워 가야 한다.

둘째, 일하는 사람의 주체성이 일터에서 존중되고 육성되어야 한다. 주체성이란 자유, 자주, 자율, 자존과 책임의 정신이다. 나란 누구인가를 알고 스스로 선택하고 판단하고 책임을 지는 인격이 주체적 인간이다. 의미 있는 일을 선택하고 일을 하는 가운데 자기를 실현하고 인성을 키우는 것은 주체성이 존중받고 또 주체성을 행사할 수 있는 역량이 있어야 가능하다. 어떤 분야의 직업을 선택하는 권리를 행사하고 책임을 지는 것은 인간이 누려야 할 천부적인 자유다. 이는 헌법 제15조에도 보장되어 있는 권리다. 국가는 환경에 강요받거나 억압받는 가운데 직업을 선택하지 않을 권리, 그렇게 강요된 선택을 거부할 권리를 적극적으로 보호해야 한다. 또한 개인으로서 이 권리를 행사하려면 일의 세계에 대해 폭넓게 알아야 하고 자신이 좋아하고 잘할 수 있는 일이 무엇인지, 의미 있는 일이 무엇인지 분별할 수 있는 능력이 있어야 한다. 학교 교육은 이를 위해 학생들에게 진로 정보를 제공하고 다양한 경험 기회를 제공해야 한다. 최근 도입된 자유학기 제도의 취지도 이러한 목

참사람 됨의 인성교육

적을 담고 있다. 그리고 직업 선택 시 고려할 사항은 그 직업이 개인에게 자주성과 자율성을 얼마나 허용하는가이다. 일의 성격에 따라 다르지만 현대 사회는 함께 협동하고 소통하며 일을 하는 경우가 많다. 이때 일정 부분을 믿고 맡겨 주는가, 모든 동작을 통제하고 감독하는가를 살펴보아야 한다. 직장생활 초기에는 자주성과 자율성을 더 많이 보장해 주는 일과 직업을 선택하는 것이 인성을 수련하고 육성하기에 도움이 된다. 맡은 직무를 완성도 높게 완수할 때 인간으로서 타인으로부터 신뢰를 받고 자기존중감을 지닐 수 있다. 그러나 스스로 어려운 환경을 극복해 가는 힘이 있는 사람이 성숙한 사람이다. 인성으로서 주체성의 보호, 육성을 위해 스스로 창업을 하거나 자영을 할 수 있는 능력을 기르는 것도 의미가 있다. 기술과 사회변화 과정에서 다른 사람의 필요를 찾아내고 그 필요를 충족시킬 수 있는 직업을 스스로 만들어 내는 '창직(創職)'도 중요하다.

고용노동의 경우 처음부터 주체성을 보장해 주는 일은 거의 없다. 주체성은 외적 환경의 억압과 강제로부터 신체적·정신적으로 자유로워야 할 뿐 아니라, 스스로 육성해야 하는 역량이다. 에리히 프롬이《자유로부터의 도피》에서 말한 바와 같이 진정한 자유는 억압으로부터 벗어나는 것으로 끝나는 것이 아니라 스스로 하고 싶은 일을 하는 것으로 완성된다. 억압으로부터 벗어나는 것 못지않게 주체성을 행사할 수 있는 능력을 기르는 것이 중요하다. 자신이 맡은 일을 스스로 계획하고 다른 사람에게 의존하지 않고 계획을 실행하여 그 결과를 일을 맡겨 준 사람에게 인계할 수 있는 능력이 있어야 자주적인 노동을 할 수 있다. 일의 분량과 리듬을 스스로 통제하고 관리하려면 기계와 공구를 다루는 일을 숙달해야 하고 환경과 자신을 통제할 수 있어야 한다. 주체성은 일을 하는 가운데 스스로 배우고 육성해야 하는 인성이다.

셋째, 노사관계의 실마리를 풀어 낼 고용주의 인성교육 문제이다. 고용노동은 많은 관계에 의해 규정되지만 일하는 사람에게 가장 중요한 것은 고용주와의 관계이다. 일과 직업을 통해 맺는 관계가 공정하고 편안해야 일을 하는 것이 즐겁고 인성이 꽃을 피울 수 있다. 최근 대립적 노사관계를 극복해야 한다며 정책과 대안들이 나오고 있지만 문제의 본질을 꿰뚫는 실마리를 찾지는 못한 것 같다. 문제를 갈등 그 자체로 제한하고, 갈등을 억누르려는 것으로는 해결할 수 없다. 문제의 근본 원인을 찾아내야 한다. 기업의 존재 이유를 이윤창출에 두는 것이 문제의 근본 원인 중 하나가 아닐까 생각한다. 고용주나 피고용인이나 모두 기업 경영이든 제품생산이든 일을 통해 신의 창조에 참여하고 스스로 사람이 되어 가는 것을 목적으로 살아가는 것이다. 규모의 크기에는 차이가 있지만 모두 '살림살이'를 하는 것이다. 최인호는 《상도》에서 작은 상인은 돈을 벌려고 하지만 진짜 큰 상인은 사람을 번다고 하지 않았는가. 특히 전 지구적 지속가능성의 위협을 받고 있는 이 시대의 기업인은 지구와 지구에 사는 사람의 생명을 지속가능하게 할 수 있는 방책이 있어야 자신의 기업이 지속가능하다는 것을 알아야 한다. 그리고 현 직업 노동을 둘러싸고 일어나고 있는 세계화, 기업사회의 대두, IT, 로봇, 자동화에 따른 노동의 수축, 노동의 종말, 양극화 등을 인식하고 인류 전체적 차원에서 어떻게 대응할 것인지 방향을 탐색해야 한다.

넷째, 전일성을 지켜야 한다. 전일성이란 지금 여기 살아 있음에 대한 의식이다. 주체로서의 나와 시간과 공간을 초월하여 존재하는 온 우주가 하나 됨을 인식하는 것이다. 전일성은 개인으로서 생명을 부여받아 이 땅에 태어난 것에 대해 감사하게 한다. 그리고 이 땅과 언젠가 이별해야 하는 제한된 시간을 허락받은 존재인 것을 알고 하루하루를 의미 있게 살고자 온 힘을 기울인다. 내가 태어날 때보다 내가 떠날 때 나를 먹여 주고 길러 준 이 땅이 더욱 선하게 되는 일에 조금이라도 기여하고자 노력한다. 시대의 사명과 역사성을 이해하고 통찰하고자 노력하며, 진화의 가지 끝에 서 있는 어린 새싹과 같이 하루하루를 새로 지어 가는 하늘의 손길과 조응한다. 나이가 먹어 감에 따라 몸과 맘과 얼이 하나로 일치되며, 하나님의 아들로서 창조에 참여하고 우주의 상속자가 되는 것이다. 일과 직업을 인성을 배우는 마당으로 지켜 나가기 위해서 우리는 전체와의 관계를 일을 통해 이해하고 배우고 있는지 수시로 물어야 한다. 조직, 집단, 기관을 초월하는 보편적 가치가 개인이나 개별 조직의 이익보다 우선한다는 것을 배우고 가르치고 있는지 살펴보아야 한다. 개별 조직의 가치와 보편가치가 갈등할 때 이를 극복할 수 있는 이성과 용기를 배워야 한다.

6장

예수와 동학의 인간존엄성 회복운동
— 종교의 인간 이해

새 술은 새 부대에 담아야 한다는 것이 예수의 지론이다(막 5:37-38).
해월은 묵은 밥을 새 밥에 섞지 말라고 했다. 이러한 종말적 신국사상이나
후천개벽사상은 묵은 시대는 지나가고 놀라움과 산고(産苦) 중에 새 시대가
동터 오고 있다는 희망의 소식을 담고 있다. 예수가 고대했던 하느님나라의 도래나
동학이 꿈꾸었던 후천개벽의 세계는 씨알민중도 인간으로서의 존엄성과 주체성을
가지고 사람답게 살고, 타자와의 협동과 연대 가운데 공공의 가치실현을 통해서
사람다운 삶을 살 수 있는 보편성을 띤 휴머니즘 공동체를 지향한다.

• 김명수

부산 경성대학교에서 신학생들을 가르치는 일에 종사했다. 은퇴 후, 충주시 앙성면
남한강변의 농촌마을에 위치한 노인요양원 '예함의집'에서 치매 어르신들을 돌보며
살아가고 있다. 경쟁 속에서 획일화된 지식을 강제하며, 자본주의 사회구조에
길들이기 위한 맞춤형 현대 교육의 문제점을 인식하고, 인간 안의 본마음(本心)인
하늘의 소리에 귀 기울이며, 우주의 영성과 그 작용인 만물이 둘이 아님을 깨닫고,
전일적(全一的)인 생명 실현을 위한 마음공부에 정진하고 있다. 지은 책으로는
《역사의 예수와 동양사상》, 《하느님과 사람은 둘이 아니다》(이상 통나무) 외 다수가 있다.

2015년 1월, 인성교육진흥법이 제정되었다. 국가가 5년마다 인성교육 종합계획을 수립하고 해마다 평가를 실시한다는 게 주요 내용이다. 인성교육은 모든 교육의 근본이다. 그런데도 한국사회에서는 경쟁과 성장지상주의, 분단이데올로기의 장벽에 갇혀 인간됨에 관한 인성교육이 소홀히 되어 왔다. 결과는 어떠한가? 일정한 범위 내에서 경제성장의 목표는 달성했는지 몰라도, 사람이 사람답게 살아갈 수 있는 인간의 얼굴을 한 휴머니즘 사회를 만드는 데는 실패하였다. 때 늦은 감이 있지만, 국회 차원에서 인성교육의 중요성에 대해 새롭게 공감하고 이를 법제화하게 된 것은 다행이 아닐 수 없다.

인성교육진흥법에 따르면, 인성교육은 "인간으로서의 존엄과 가치를 보장"받고, "타인·공동체·자연과 더불어 살아가는 데 필요한 성품과 역량"을 기르는 일을 목표로 하고 있다. 인간으로서의 자존감을 잃지 않고 이웃 및 자연과 더불어 살아갈 수 있는 사회 생태적 휴머니즘 사회를 이루는 것이 그 목표임을 알 수 있다.

이러한 상생사회를 이루기 위해서 전제되어야 할 것이 있다. 인간에 대한 총체적 이해가 선행되어야 하고, 사람답게 사는 것이 무엇인지 윤리·철학적 접근이 전제되어야 한다. 인간을 상품화하는 주입식 경쟁교육이 지양되어야 하고, 휴머니즘 가치에 기초한 상호협동적인 전인교육도 선행되어야 할 것이다.

한반도 근대화의 시발점

서구에서는 신 중심의 중세 기독교 세계가 후퇴하고, 이성 중심의 근세 산업사회가 시작되면서 자본가계급과 노동자계급이 사회의 주요세력으로 등장하였고, 근대의 사회경제 시스템은 산업자본주의 가치에 의해 재편성되었다. 근대세계는 자본가계급과 그들의 이익을 대변하는 정부권력, 이에 대응하여 시민의 권익을 수호하려는 시민세력 간의 갈등과 긴장 속에서 형성되었다고 볼 수 있을 것이다.

수탈론

한국역사에서 근대화의 시발점을 어디에서 찾아야 할 것인가의 논쟁은 대략 세 가지로 압축된다. 수탈론, 식민지 근대화론, 내재적 발전론이 그것이다. 수탈론에 따르면, 일본식민치하에서 주변부에 놓인 한국경제는 중심부인 식민모국 일본의 경제발전을 위한 수탈대상이었다는 것이다. 이를 위해 조선의 씨알민중은 철저하게 희생을 강요당했다고 보는 견해이다.

식민지근대화론

식민지 시대에 일본에 의해 정비된 한반도의 인프라 구축(도로, 철도, 항만)은 1960년대 이후 한국경제의 고도성장에 일정 기여를 했다고 보는 입장이다. 일본의 침탈이 한반도 근대화와 촉진제가 되었고, 경제발전에 순기능을 했다는 주장이다. 근대성은 제임스 와트의 증기기관 발명(1769) 이후 서구사회에서 전개되었던 산업시대의 가치이다. 근대세계의 주요 가치로는 자본주의 경제시스템, 국민국가 정치구조, 사회신분제 폐지와 시민 주도의 생활세계 형성을 들 수 있을 것이다. 이러한 서구 모더니티의 가치가 한반도에 본격적으로 유입되기 시작한 것은 19세기 중엽이다. 일찍이 탈아입구(脫亞入歐)를 표방한 일본은 동양에서 제일 먼저 근대화를 이루어 내었다. 식민사학자들에 따르면 조선왕조의 봉건사회에서 근대사회에로 이행된 것은 전적으로 일본의 침탈 덕택이었다. 정체된 미개봉건사회에서 근대문명사회에로 나아가기 위

참사람 됨의 인성교육

해서 일본의 한반도 강점은 필요했다는 것이다.

내재적 발전론

1945년 8월 일본의 패망 이후, 식민지근대화론이 설득력을 잃게 되면서 한반도의 근대화에 대한 내재적 발전론이 등장하게 된다. 이들은 조선사회 근대화의 출발점을 18세기 실학파들(유형원, 이익, 정약용, 박지원, 박제가)의 신분제 타파 운동에서 찾는다. 민족의 주체적 역량에 의해 조선의 근대화는 진전될 수 있었는데, 일본의 강점통치에 의해 오히려 근대화가 저지당했다는 것이다. 1980년대에 이르러 내재적 발전론을 극복하려는 움직임이 등장했다. 내재적 발전론이 조선사회 내부에서 찾으려 했던 근대화는 어디까지나 서구의 모형이었다는 것이다. 자본주의, 국민국가, 시민평등 사상을 세 축으로 하는 서구식 근대화 모델과 패러다임을 달리한 동아시아적 근대화 모델을 후기 조선사회에서 찾으려는 움직임이 일어나기 시작하였다(정창렬, 조경달).

동학 휴머니즘의 뿌리

동학의 근대휴머니즘은 서구 근대휴머니즘과 궤를 달리한다. 우리나라 상고사(上古史)의 맥락에서 동학의 휴머니즘 뿌리를 찾을 수 있을 것이다. 《환단고기》[1]에 따르면 한민족의 뿌리는 환인(桓因)에 의해 건국되었다고 하는 환국(桓國)이다. '환'(桓)은 환함, 밝음을 뜻한다. 하늘 또는 빛(光明)으로 태양신 또는 천신을 뜻하기도 한다. 상제 환인은 그리스신화에서 볼 수 있는 일종의 신인(God-Man)으로 볼 수 있는데, 제정일치 시대의 지도자 명칭이기도 하다.

상제 환인은 천신(天神)의 가르침으로 백성을 가르쳤다고 한다. 우리 겨레가 천족(天族)임을 나타낸다. 환인이 중앙아시아의 천산(天山)에서 광명의 도를 체득하여 빛의 나라 환국(桓國)을 세운 것이 1만 5천 년 전이라고 한다. 천강족(天降族)의 환국은 구석기 말과 신석기 초에 걸쳐

1_ 사학계에서는 정식 역사서로 공인받지 못하고 있지만 한민족 상고사(上古史)의 주요 내용인 천지인(天地人) 삼재(三才)사상이 중심 내용이다. 우주의 생성 과정, 우주에서 사람의 위치를 동양철학적 시각에서 밝혀 준다.

3,300여 년 동안 지속되었다고 하는데, 빛으로 세상을 다스리겠다는 광명이세(光明理世)를 통치철학으로 삼았다고 한다. 우리가 흰옷을 즐겨 입는 백의민족(白衣民族)이었다는 것도 이러한 상고사 광명 신화와 맥이 닿아 있을 것이다.

상제(上帝) 환인의 아들 환웅은 부친으로부터 세 개의 천부인(天符印, 청동거울, 청동검, 청동방울)을 받고, 3천 무리와 함께 태백산 꼭대기에 있는 신단수(神壇樹) 밑에 내려와 신시(神市)를 세우고 배달국을 건설하였다고 한다. 배달은 청동기문화 민족이었음을 알 수 있다. 풍백(風伯)·우사(雨師)·운사(雲師)를 거느리고 곡식과 수명·질병·형벌·선악 등을 주관하여 세상을 다스렸다고 한다. 태백산은 동북아 요하문명권 지역에서 가장 높은 백두산을 지칭할 것이다.

밖에서 이동해 들어온 유목문화집단인 환웅천황은 하늘, 빛, 남성, 부신(父神)을 상징한다. 토착 농경문화집단인 곰족(熊族)은 땅, 어둠, 여성, 모신(母神)을 상징한다. 환웅천황으로 상징되는 천부신(天父神) 숭배집단과 곰으로 상징되는 지모신(地母神) 숭배집단이 결합하여 단군의 조선국이 설립된다. 선진 청동기문명을 지닌 환웅천황의 배달족은 요하지역의 원주민을 다스리는 통치이념으로 홍익인간(弘益人間)과 재세이화(在世理化)를 내세웠다. 널리 원주민을 이롭게 함과 동시에 하늘의 이치가 땅에서도 이루어지게 하겠다는 휴머니즘에 입각한 통치이념을 내세웠던 것이다.

2_ 최제우. 호 수운(水雲). 조선 후기에 태어나 모든 존재는 하느님을 모신 존재라는 시천주(侍天主)의 큰 깨달음을 얻고 동학을 창건하였다. 남녀노소, 신분의 귀천을 떠나 모든 인간은 존귀하고 평등하다는 만인존귀(萬人尊貴)와 만인평등(萬人平等) 사상을 펼쳤다.

수운[2]의 시천주 체험에 근거한 동학의 휴머니즘 사상은 위에서 간략하게 살펴본 조선 상고사의 통치이념이었던 광명이세(光明理世), 홍익인간(弘益人間), 재세이화(在世理化)와 맥이 닿아 있다. 이와 더불어 유불선(儒佛仙) 삼교(三敎)의 내용을 통합한 풍류도, 심학(心學)을 기반으로 한 불교와 유학의 인도주의 사상도 내재되어 있다. 구한말 동아시아를 침탈했던 서세동점(西勢東漸)의 서구근대사상(서학)에 대한 대응만으로 동학을 단순하게 설명할 수 없는 또 다른 이유가 여기에 있다.

참사람 됨의 인성교육

이미 선천개벽 시대가 끝나가고, '다시 개벽' 시대가 동터오는 개벽의 전환점에 서 있다는 시대의식을 수운은 지니고 있었다. 임박한 '다시 개벽'에 직면하여 인간은 어떻게 개조되어야 하는가? '다시 개벽' 시대에 합당한 인간관과 세계관은 어떠해야 하는가? 이러한 화두를 동학은 조선 상고사의 하늘, 빛, 밝음, 광명, 생명의 휴머니즘 맥락에서 재조명하고 있다. 동학은 조선 상고사에서 찾아볼 수 있는 원형질적 휴머니즘 사상에 대한 영성적 성찰을 통해 '다시 개벽'의 새 세상을 이끌어갈 주체로서의 인간과 사회구조 개조를 지향하고 있음을 볼 수 있다.

본 글은 인간의 존엄성 회복과 타자와 더불어 살아가는 데 필요한 성품함량이라는 인성교육진흥법의 이념지평에서, 수운에서 시작된 동학의 시천주 운동의 휴머니즘 사상을 예수의 휴머니즘 운동과 교차적으로 비교하면서 살펴볼 것이다.

예수 휴머니즘 운동의 세 차원

예수 신성 신앙

기독교는 예수를 하느님의 아들 구세주로 고백하는 신앙 위에 정초해 있다. 예수가 하느님과 동일하신 분이라는 예수 신성(神聖) 신앙이 기독교 세계에서 교리적으로 정착되기 시작한 것은 기원후 4세기 니케아공의회(325년)와 콘스탄티노플공의회(381년)에서 제정·채택된 니케아신조에서 비롯된다. 여기에서 성자 하느님으로서의 예수는 성부 하느님과 동일 실체를 지닌 분으로 고백되고 있다. 그때로부터 현재에 이르기까지 1,500여 년에 걸쳐 '예수 하느님' 신앙은 기독교 세계에서 주도적이고 배타적인 신앙으로 자리매김을 해왔다. 예수 신성 신앙은 기독교 세계에서 정통과 이단을 구분 짓는 중요한 판단기준이었다.

인간 예수

초기기독교 세계(기원후 1~3세기)에서 예수는 어떻게 이해되었나? 하느님이 아니라 인간이었다. 인간 예수는 하느님의 뜻을 잘 받들었고 땅 위에 그분의 뜻을 오롯이 실천하기 위해 애쓰다가 로마제국에 의해 정치범으로 몰려 십자가에 처형된 분이었다. 그는 하느님의 사람이었다. 사회의 약자인 민중과 동고동락하며 그들의 동반자로 살다가 당시 반민중(反民衆) 기득권세력에 의해 죽은 분이었다. 초기기독교 세계에서 예수는 하느님의 사람(메시아), 인간의 아들, 카리스마를 지닌 분, 주유(周遊) 예언자, 기적행위자, 치병축귀자(治病逐鬼者), 지혜 선생으로 불렸다. 복음서를 읽을 때 흔히 만나게 되는 이러한 예수 칭호에서 우리는 당시 민중이 겪어야 했던 고난과 한(恨) 그리고 그들의 염원과 희망이 녹아들어 있음을 엿볼 수 있다.

예수 탄생 이야기는 후기 복음서들인 마태복음(80년경)과 누가복음(90년경)에 등장한다. 전기(前期) 복음서들인 예수어록복음[3](Q, 50년경)이나 마가복음(70년경)에는 등장하지 않는다. 그만큼 예수 신격화 작업이 초창기 기독교 세계에서는 진행되지 않았음을 추정할 수 있다.

전기 복음서들에 따르면, 나사렛 청년 예수는 서른 살 즈음 출가하여 '사적인 삶'을 청산하고 '공적인 삶'에로 삶의 패러다임을 바꾼다. 요단강에서 예언자 요한에게 세례를 받은 예수는 한동안 그의 문하생 생활을 했던 것으로 보인다. 신 체험 후 그는 갈릴리로 간다. 민중이 밀집해 있는 농촌마을을 중심으로 개벽(하느님나라 도래) 운동을 전개한다. "때가 찼고, 하느님나라가 닥쳐왔다 회개하고 복음을 믿어라"(막 1:15).

예수는 1년 정도 공적생활을 하다가 처형되는데, 갈릴리 민중을 대상으로 선포한 그의 메시지는 '하느님나라 도래'에로 수렴된다. 그리스어 '바실레이아 투 테우'가 흔히 하느님왕국 또는 하느님나라로 번역되고 있다. 그러나 이는 '하느님의 통치'로 번역되는 것이 그리스어법이나 문맥상 더 적절하다. 특히 황제가 다스리는 로마제국에 대한 대칭개념

3_ 역사적 인물 예수의 삶과 말씀을 들여다볼 수 있는 복음서로 일명 큐(Q)복음이라고 한다. 마태복음와 누가복음의 예수 말씀들은 주로 큐(Q)복음에서 따온 것이다. 예수의 신성(神性) 신앙을 거부하고, 하느님을 아버지로 섬기는 효자(孝子) 예수의 상을 전한다.

참사람 됨의 인성교육

으로서 '하나님 제국통치'로 번역하는 학자들이 있으나(예수세미나) 이는 적절하지 못하다. 하느님의 통치방식은 당시 로마 제국주의의 그것에 대한 대안의 성격을 지니고 있기 때문이다. 예수의 '하느님 통치 도래' 메시지에는 제국주의 밑에서 수탈을 당하던 갈릴리 농민들의 현실과 해방 의지가 담겨 있다. 곧 동학에서 찾아볼 수 있는 후천개벽(後天開闢) 사상이 여기에 비유될 수 있을 것이다.

하느님나라 도래의 세 차원

예수의 하느님나라 도래 운동은 세 가지 차원을 지닌다. 정치적, 경제적, 이데올로기적 차원이 그것이다. 정치적으로는 로마제국의 식민지배와 그 하수인인 헤롯왕조의 억압과 수탈에서 갈릴리민중의 자유와 해방을 지향한다. 로마제국의 통치가 억압과 수탈을 수단으로 한다면, 하느님나라에서 민중은 인간의 존엄성을 인정받고 주체적으로 자기 삶의 주인이 되어 살아간다. 그런 의미에서 예수는 가난한 사람들, 굶주린 사람들, 통곡하는 사람들, 온유한 사람들, 정의와 평화를 위하여 일하는 활동가들을 축복하고 그들에게 하느님나라가 속해 있음을 선언하였다(마 5장).

경제적 차원에서 하느님나라는 사회정의 실현과 불가분의 관계를 지닌다. 민중이 궁핍과 질병의 고통에서 벗어나 사람다운 삶을 살아갈 수 있는 평등사회, 곧 포용적인 경제민주화가 실현된 사회를 이룩하는 것이 하느님나라 도래의 내용이었다.

하느님나라 도래는 이데올로기 차원을 지닌다. 창세에 하느님은 사람을 빚으시되, '하느님 형상'에 따라 빚으셨다고 한다(창 1:27). 인간의 신체나 마음은 하느님의 꼴을 지녔다는 것이다. 하느님과 인간은 그러하기 때문에 예수와 하느님은 군신(君臣) 관계나, 주종(主從)관계가 아닌 부자지간(父子之間) 관계로 이해된다.

복음서에서 예수가 부르는 하느님 호칭으로서 자주 등장하는 것은 무엇인가? '아버지'(pater)이다. 이것은 하느님의 유전자를 이어받은 인간이 자기 내면에 있는 궁극아(窮極我) 하느님을 찾게 되어 있음을 말한다. 곧 인간은 태생적으로 하느님과의 감응관계 속에서만 존재할 수 있도록 운명 지어져 있음을 암시한다.

부모님을 모시듯이 인간은 하늘님을 모시고 살아야 할 존재임을 수운은 각성시켰다. 동학의 출발점은 시천주이다. 하느님을 모시고 사는 인간을 가장 이상적인 인간상으로 제시했던 것이다. 해월[4]은 천지부모설(天地父母說)을 제창하였다. 육친의 부모는 극진히 모실 줄 알면서, 더 근원적인 천지부모에 대해서 인간들이 소홀히 하고 있음을 동학은 지적하였다. 아마도 수운과 해월은 《천주실의》(天主實義)를 알았던 것 같다.

《천주실의》 서문

예수회 신부였던 마테오 리치[5](1552~1620)는 기독교 복음을 중국의 동아시아 문화전통 맥락에서 접목시켜 해석하고자 했다. 유교, 불교 서적들을 탐독했던 그는 천주에 대한 진실된 가르침이라는 뜻에서 《천주실의》를 집필하였다. 이 책 머리말에서 마테오 리치는 천지만물을 운행하고 계신 기독교의 '천주님'(하느님)이 곧 유교의 '천'(天)이나 '상제님'과 둘이 아님을 피력하였다. 우주에는 두 주인이 있을 수 없다는 연유에서다.

> 1. 화평하게 하고 다스리는 일상의 도리는 궁극적으로 마음을 오직 '하나로 함'에 있을 뿐입니다.
> 2. 따라서 현자와 성인들은 신하들에게 충성스런 마음을 권하였습니다. 충성은 두 마음이 없음을 말합니다.
> 3. 오륜은 군주에 관한 것을 첫째로 삼고, 군주와 신하의 관계는 삼강 중에서 으뜸입니다. 무릇 바르고 의로운 사람들은 그 점을 분명히 깨닫고 그것을 실천합니다.

4_ 최시형. 호 해월(海月). 수운의 죽음 이후 36년 동안 관(官)의 눈을 피해 방방곡곡을 돌아다니면서 동학의 도를 펼쳤다. 사람 대하기를 하느님처럼 하라는 사인여천(事人如天), 하느님을 모신 창조물이기에 미물이라도 함부로 대해서는 안 된다는 경물(敬物)사상은 자본주의 사회를 사는 현대인에게 큰 울림을 준다.

5_ 예수회 소속 선교사. 중국 명나라에서 기독교의 복음을 전하는 일에 평생을 바쳤다. 온 우주를 창조하시고 경영하시는 기독교의 하느님(天主)이 유교의 상제(上帝)와 동일하신 분이라는 논지의 《천주실의》를 썼다.

참사람 됨의 인성교육

4. 옛날에 사회가 혼란하여 여러 영웅들이 나누어져 전쟁을 하고 있어서 아직 진정한 군주가 결정되지 않았을 때에도, 의로운 마음을 가진 이들은 정통성이 누구에게 있는가를 깊이 살펴서 오직 몸을 바쳐 그를 위해 순절하였고, 혹시라도 충성스러운 마음을 바꾸는 일은 없었습니다.

5. 나라에도 주인이 있는데, 천지에 유독 주인[主]이 없겠습니까? 나라가 하나의 군주에 통섭되는데, 어찌 천지에 두 주인이 있겠습니까?

6. 따라서 군자라면, 우주의 근본이요, 창조와 생성의 으뜸을 반드시 잘 인식하여 앙모하고 사색해 보지 않을 수 없습니다.

7. 사람들 중에는 타락하여 천명을 거역하는 못된 자들이 있어 온갖 범죄를 다 저지르고 있습니다.

8. 재주를 부려서 이 세상의 온갖 영화와 권세를 탈취해도 오히려 그것에 만족하지 못하고 천주[天主]의 자리까지 넘보려 하려 인간의 자리를 뛰어넘어 가 그 천주의 존위 위에 군림하고자 하기에 이르렀습니다.

9. 하늘만은 높아서 사다리를 타고도 올라갈 수 없으니, 천주의 자리를 가로채려는 인간의 욕망은 이루어지기 어려운 것입니다.

10. 이에 하느님을 참칭하는 저 못된 인간들은 사악한 이론을 그릇되게 퍼뜨리고 약한 백성들을 기만하고 오도해서 천주의 자취를 지워버리고 있습니다.

11. 망령되이 사람들에게 물적 이득과 행복을 약속해 주고는 사람들에게 그들 자신들을 흠숭하고 제사를 드리게 하였습니다.

12. 저들[천주를 참칭하는 사악한 인간]이나 이들[오도되어 사악한 인간을 천주로 받드는 어리석은 사람] 모두가 천주께 죄를 짓

게 되었습니다.

13. 이에 하늘이 재앙을 내리시어, 세세 대대로 심화되고 있습니다. 그런데도, 사람들 가운데 그 까닭을 생각해 보는 이는 없습니다. 슬픈 일입니다! 슬픈 일입니다!

14. 어찌 천주를 참칭하는 도둑을 주인으로 삼으려 하는 것이 아니겠습니까? 성인은 나타나지 않고, 못된 무리들이 서로 부채질하며 날뛰고 있으니 참되고 성실한 도리는 거의 소멸되었습니다.

15. 저는 어려서부터 고향을 떠나 온 세상을 널리 유람하였으며, 이런 천주 모독의 지독한 폐해가 미치지 않은 곳이 없음을 보았습니다.

16. 저는, 중국이란 요순의 백성들이요, 주공과 공자의 가르침을 배운 민족이니, 천리[천주에 대한 이치]와 천학[천주에 관한 학문]은 결코 달리 고쳐져서 이단으로 오염될 수 없다고 보았습니다. 그러나 또한 간간이 오염된 바 있다고 생각되어, 저는 마음속으로 그에 대한 논증을 해보고 싶었습니다. 또한 저는 먼 나라에서 온 외로운 나그네이므로 저의 언어와 문자는 중국과 달라서 입을 통해서나 손가락을 움직여서는 의사소통을 제대로 할 수 없습니다.

17. 저의 재질이 못났기에, 분명하게 하고자 하면 할수록 점점 더 내용이 혼미해질까 두렵습니다.

18. 저는 오랫동안 개탄하는 마음을 품어 왔습니다. 20여 년 동안 아침저녁으로 하늘을 바라보고 읍소하며 기도했습니다.

19. 천주께서 이 살아 있는 영혼들을 불쌍히 여기시고 용서하시어, 잘못을 바로잡아 주실 날이 반드시 있으리라고 하늘을 우러러보며 생각해 왔습니다.

20. 어느 날 뜻밖에 두어 친우들로부터 가르침을 받았습니다.

　　　　　　　　　　　참사람 됨의 인성교육

21. 그들은 비록 제가 중국말을 제대로 할 줄 모를지라도, 도둑을 보고서 소리를 지르지 않는다면 정말 안 되니 혹시 인자하고 힘 있는 사람이 옆에 있다면, 그가 그 외침을 듣고서 분연히 일어나 그 도둑을 칠 수 있다고 말했습니다.

22. 이에 제가 중국 선비들이 우리[천주교 신부]들의 생각을 묻는 질문에 구술로 답한 것이 이제 한 권의 책으로 된 것입니다.

23. 아아! 어리석은 이가 눈에 보이지 않는다고 해서 없다고 여기는 것은 마치 장님이 하늘을 보지 못하여 하늘에 태양이 있음을 믿지 못하는 것과 같습니다.

24. 그러나 햇빛은 실재하는데 눈이 스스로 볼 수 없을 뿐이지, 어찌 태양이 없지나 않을까 걱정할 필요가 있겠습니까?

25. 천주의 도리는 사람의 마음 안에 있습니다. 사람들이 스스로 깨닫지 못하거나 또한 살피려고 하지 않아서 하늘이 주재함을 알지 못하는 것입니다.

26. 형상은 없지만, 완벽한 눈이어서 보지 못하는 바가 없고, 완벽한 귀여서 듣지 못하는 바가 없으며, 완벽한 발이어서 이르지 못하는 곳이 없습니다.

27. 비유하면 하늘의 주재함은 착한 자식에게는 부모님의 인자한 은덕과 같으나, 못난 자식에게는 재판관의 엄혹한 위엄과 같습니다.

28. 사람들은 천둥 벽력이 단지 고목만을 치고 곧바로 불인[不仁]한 사람에게 미치지 못하는 것을 보면서, 위에 주님이 없는 것은 아닌가 하고 의심합니다.

29. 이는 천주가 죄를 벌하는 것은 엉성한 것 같으나 놓치는 일이 없으시니, 늦어지면 그만큼 벌이 무거워진다는 것을 알지 못해서 하는 말입니다.

30. 오직 우리들이 이런 주님만을 흡수하는 것은 분향드리고 제사 지낼 때만이 아니라, 만물의 근본이 되시는 아버지[原父]이시며, 조화시키는 큰 공능을 항상 생각하면서, 우리 불쌍한 인간들은 그분이 반드시 지극한 지혜로써 이 세상을 경영하고, 지극한 능력으로 이 세상을 완성시키고 있으시며, 지극한 선함으로 이 세상에 필요하나 것을 갖추어 주고, 개개 사물과 만류들이 필요로 한 바를 모두 결함 없이 해 주심을 되돌아볼 때 비로소 대륜[大倫]을 안다고 말할 수 있습니다.

31. 하지만 배우지 아니할 수 없습니다. 비록 천주에 대하여 아는 것이 적다해도, 이 적음의 이로움은 오히려 다른 일들을 많이 알고 있는 것보다 나은 것입니다. 이 천주실의를 읽는 이들이 분장이 미미하다고 해서 천주의 뜻을 미미하게 여기지 말기를 바랍니다.

32. 천지도 천주를 다 실을 수 없거늘, 이 작은 책이 어찌 다 실을 수 있겠습니까?

―《천주실의》 중 서문 부분, 서울대학교출판부

예수는 '하느님 공경과 이웃 사랑'(敬天愛人)을 최고계명으로 제시하였다(막 12:30-31). 하느님을 내 부모님처럼 모시고, 이웃을 내 몸처럼 사랑하는 것을 최고의 덕목으로 제시했던 것이다. 예수의 하느님나라 도래 운동은 갈릴리 하층민으로 하여금 하느님 자녀로서의 자존감 갖고 사람답게 살아갈 수 있는 길을 제시한다.

동학 휴머니즘의 유산

구한말 조선역사에서 근대의 가치를 실현하려는 움직임은 두 가지

참사람 됨의 인성교육

형태를 띠고 나타났다. '위로부터의 개혁운동'과 '아래로부터의 개혁운동'이 그것이다. 19세기 개화파가 주도했던 갑신정변(1884), 갑오경장(1894), 위정척사파(衛正斥邪派)의 상소운동(1880년대)이 전자를 대표하고 있다면, 의병운동과 동학농민운동(1894)은 후자를 대표한다고 볼 수 있을 것이다.

서구의 근대휴머니즘은 어떤 성격을 띠고 있는가? 자본주의 경제구조, 국민국가의 정치제도 그리고 시민사회의 평등이념을 주축으로 형성되었다. 앙시앵레짐(ancient regime)의 붕괴 후, 신흥 부르주아계급의 이익을 대변하는 운동이었다.

동학은 어떤가? 조선을 침탈한 서구 근대 제국주의 질서에 대한 저항의 성격을 띠는 한편 주자학의 허례허식과 성리학의 형식주의에 매몰된 조선의 가부장적 봉건사회 질서를 부정하는 성격을 띠고 진행되었다. 이에 대한 하나의 대안으로서의 동학운동은 애초부터 반봉건, 반외세의 성격을 띤 사회개혁운동으로 출발했다고 볼 수 있을 것이다.

동학에서 사회개혁운동은 개인의 영성 함양 운동과 분리되지 않는다. 자기혁명과 사회혁명은 한 동전의 양면이다. 하늘과 땅과 인간을 소통하고 관계 맺어진 유기적 전일(全一) 생명체로 보는 동양사상의 지평에서 동학은 조선사회의 하층민도 인간의 존엄성을 인정받고, 사람답게 살 수 있는 신인간, 신문명 운동을 전개했다.

수운의 시천주 체험은 동학 휴머니즘의 사상적 근간을 이루고 있고, 시천주 운동은 해월에 의하여 전국적 규모를 지닌 하층민의 생활운동으로 확산되었다. '하늘님 모심'의 생활화 그리고 일상생활 속에서 '하늘님 모심'의 실천, 다른 말로 바꾸면 '영성의 생활화' 그리고 '생활의 영성화' 운동을 해월은 전개했던 것이다.

1894년 갑오년, 전봉준은 반외세·반봉건의 기치를 내걸고, 일본제국주의 침탈과 조선왕조의 봉건체제에 항거하여 하층민을 주축으로 무장혁명을 일으켰다. 동학 하층민혁명은 1년에 걸쳐 진행되었다. 허나 최신무기로 무장된 일본군에 의해서 30여 만 명의 희생자를 내고 진압되었다.

해월의 사위였던 의암 손병희[6]에 의하여 동학은 천도교로 이름을 바꾸었다. 동학 휴머니즘은 과거의 일회적인 사건으로 끝난 것이 아니라 현재진행형의 사건이다. 동학은 1919년 한국 근대 민중민주운동사에서 일대 분수령을 이루었던 3·1독립운동에서 기독교와 더불어 주도적인 역할을 하였다. 또한 일제침탈하에서 중국을 무대로 전개되었던 임시정부의 무장독립 운동, 의열단운동, 해방 후의 4·19학생민주혁명, 18년에 걸친 박정희 군사정권시절에 독재에 항거했던 수많은 인권회복과 민주화 운동, 광주시민 민주혁명, 6월 민중항쟁, 지금도 이 땅의 민주화를 위해 부단히 항거하고 있는 민주화운동의 대열에는 하늘님 마음과 사람 마음이 둘이 아님을 선언했던 동학의 인간존엄성 회복과 공공복지 이념의 맥이 면면히 흐르고 있음을 볼 수 있다.

6_ 동학민중 혁명이 실패로 끝난 후 천도교로 개칭하여 초대 교주가 된다. 3·1운동의 핵심적인 인물이었던 그는 '시천주'(수운), '사인여천'(해월)에 이어 사람이 곧 하느님이라는 '인내천'(人乃天) 사상을 펼쳤다. 그의 만인평등사상은 근대 휴머니즘의 대헌장이라고 할 수 있을 것이다.

예수의 신비체험

의식이 존재를 주도하는가, 아니면 존재가 의식을 주도하는가? 의식과 존재, 곧 정신과 물질, 마음과 몸의 상호관계성 문제는 사회과학이나 인문과학 분야에서 끝없이 논란이 되고 있다. 물론 양자는 서로 영향을 주고받을 것이나 사회과학 분야에서는 존재의 주도성이 거론되고, 정신과학 분야에서는 의식의 주도성이 강조된다.

예수의 경우는 어떤가? 시대가 영웅을 만들어 낸다는 말이 있듯이, 1세기 로마 식민지 지배하에서 팔레스타인의 하층민이 겪어야 했던 사회경제적 고난의 현실과 예수의 출현은 상관관계가 있을 것이다. 갈릴리 하층민의 염원과 희망이 예수라는 한 인물에 투영되고 있음을 부정해서는 안 될 것이다. 헌데 다른 한편으로 예수라는 한 인물이 가졌던 시대의식이 사람이 사람답게 사는 갈릴리 하층민의 예수 휴머니즘 운동을 가능하게 만든 측면도 있을 것이다.

　예수의 사적인 삶에 대해서 복음서들은 그리 많은 정보를 제공해 주지 않고 있다. 예수의 출생과 유년 시절 이야기들은 그리스 신화에 등장하는 영웅들의 출생설화를 연상시킨다. 역사적 사실에 대한 보도라기보다는 신앙의 진실에 대한 보도로 받아들여야 적정할 것이다. 복음서들에서 소개되고 있는 출생과 유년 시절의 예수 이야기에서 역사적 사실로 추정되는 정보들은 극히 한정되어 있다. 기원전 4년경 헤롯의 치하 나사렛에서 가난한 농부요 수공업자인 요셉 가문에서 태어났다는 것이 전부라고 볼 수 있다.

　가장 먼저 쓰인 복음서들인 예수어록복음(Q, 50년경)과 마가복음(70년경)에는 예수의 출생에 관한 이야기들이 나오지 않을 뿐만 아니라 그의 유년시절 사생활에 대한 이야기가 없다. 두 복음서는 나사렛 청년 예수가 출가하여 요단강변 유다광야에서 회개운동을 벌이고 있던 예언자 요한과 만나는 장면을 서두로 삼고 있다. 복음의 시작과 범위를 출가자 예수의 공생활(公生活)에 한정시켜 보도하고 있음을 볼 수 있다.

　예수가 어떤 동기에서 출가를 결심하게 되었는지 알 수 없다. 기원후 30년경 가정을 떠난 예수는 나름의 큰 뜻을 품고 갈릴리 전역을 떠돌며 로마의 식민 통치하에서 하층민의 고단한 생활상을 두루 목격하고 체험했을 것이다. 당시 요한이라는 걸출한 예언자가 등장하여 회개운동을 펼쳤다. 그의 회개운동은 유다와 예루살렘을 비롯하여 팔레스타인에 거주하는 유다 하층민들에게 큰 호응을 일으켰다. 수많은 사람들이 요한의 설교를 듣고 회개하였고, 그 징표로 요한은 그들에게 요단강에서 세례를 베풀었다. 갈릴리 전역을 떠돌던 예수는 세례자 요한에 대한 소문을 들었을 것이고, 급기야 그를 찾아 유다광야 요단강변으로 갔다.

　요한에게 세례를 받는 과정에서 예수는 신비체험을 하게 된다. 갑자기 하늘이 열리고, 비둘기 모습을 띤 거룩한 영이 그의 머리 위에 내려앉는 체험을 한다. 세 복음서가 공히 이를 보도하고 있는 것으로 보아

신비체험 이야기는 예수가 요한에게 세례를 받았다는 역사적 사실에 근거하고 있을 것으로 추정된다(막 1:9-11; 마 3:13-17; 눅 3:21-22). 세례를 받고 물 위로 올라올 때 예수는 천어(天語)를 듣게 되었다고 한다. "너는 내 사랑하는 아들이라 내가 너를 기뻐하노라"(막 1:11).

예수가 신비체험 가운데서 들은 천어는 자기 존재에 대한 각성과 연관되어 있다. 예수 당시 유대사회에서 하나님은 무엇으로 표상되었나? 왕 또는 군주였다. 일반적으로 민 위에 군림하고 지배하며 절대 권력을 휘두르는 독재자의 이미지였다.

그런데 예수는 하느님을 어떻게 체험했는가? 아버지와 아들, 곧 부모와 자식의 혈연관계로 체험했다. 육신의 부모를 넘어 보다 근원적인 부모·자식의 관계에서 하느님을 체험했던 것이다. 예수에게 하느님은 종을 부리는 상전이 아니라 자식을 사랑하는 자애로운 아버지로 체험되었던 것이다. 여기서 한 길음 더 나아간다. 하느님은 아들의 존재 자체를 기쁨으로 삼는 아버지 모습이었다. 하느님 아버지와의 절대 신뢰관계에서 예수는 자기를 이해했던 것이다.

백성 위에 군림하여 지배하는 '왕 하느님' 이미지에서, 자식을 사랑하고 돌보아 주는 자애로운 '아버지 하느님' 상으로의 패러다임 전환은, 하느님을 절대 권력을 휘두르는 분으로 숭배했던 유대사회의 관행에 비추어 볼 때 실로 혁명적인 일이 아닐 수 없었다.

하느님에 대한 인식변환은 곧 자신에 대한 인식변환을 뜻한다. 예수는 자기 자신을 하느님의 종이나 노예가 아닌 하느님의 사랑스런 아들이라는 '메시아 의식'을 갖게 되었다. 예수는 하느님을 모시는 삶, 곧 그분의 뜻이 하늘에서와 같이 땅에서도 이루어지도록 하는 삶에서 아들 메시아로서의 본분을 찾았던 것이다. 신의 아들로서의 자아 존중감을 갖게 된 예수는 이제 당당하게 메시아로서 주체적으로 생각하고 말하고 행동하며 하느님의 뜻을 이루는 삶에 매진하였다.

예수의 '아버지로서의 하느님' 신앙은 해월의 천지부모설(天地父母說)

참사람 됨의 인성교육

과 맞닿아 있다. 다음에 살펴볼 것이지만, 해월은 사람들이 육신의 부모는 섬길 줄 알면서 그것보다 원천적인 천지부모를 섬기는 일에 대해서 등한시하고 있음을 지적하였다. 인간의 인간됨에 있어서 제일차적인 덕목으로 하늘님을 부모처럼 모시고 섬기는 삶에서 찾았던 것이다.

예수의 단식수행

천어를 듣고 자기 존재의 고귀함을 새롭게 각성하게 된 예수는 어떻게 행동했는가? 복음서는 그가 성령에 이끌리어 유대광야로 나아갔다고 한다. 돌과 바람과 흙먼지만 휘날리는 황량한 벌판이었다. 그곳에서 예수는 40여 일 동안 물 한 모금 입에 대지 않고 단식하며 수행정진을 했다고 한다. 자기 자신과의 치열한 투쟁이었을 것이다. 그가 붙들고 매달렸던 화두는 무엇이었을까? 몇 가지 추측이 가능하다. 내가 진정 하느님의 아들 메시아인가? 그렇다면 어떻게 사는 것이 하느님 아들 메시아로서 사는 것인가? 가난한 사람들의 경제적 요구에 부응하는 삶인가? 돌을 빵으로 만드는 기적을 행하여 가난한 사람들을 굶주림에서 해방시켜 주는 것인가? 정치·종교 권력을 손에 넣고 세상과 예루살렘 성전 위에 군림하는 것인가?

40일 동안 단식수행을 하면서 예수가 깨달은 바는 무엇인가? 인간은 '빵 없이' 살 수는 없지만 '빵만으로' 살 수는 없는 존재임을 깨닫게 되었다. 인간은 몸과 영으로 구성되어 있다. 몸이 물질양식을 먹어야 살 수 있다면, 영은 하늘양식인 하느님의 말씀을 공급받아야 살 수 있다.

하느님 아들로서의 메시아의식을 심화한 후 예수는 어디로 갔는가? 사람이 없는 유대광야에서 사람들이 북적거리는 갈릴리호수 주변의 저 잣거리로 간다. 그곳에서 하층민을 향하여 예수가 부르짖은 설교는 한 마디였다. "때가 찼고, 하느님나라가 임박했으니, 회개하라"는 것이었다(막 1:15). 예수는 '카이로스 의식'을 가지고 살았다. 자기가 살고 있는 '이 시대'를 하느님이 역사에 개입하는 카이로스, 곧 개벽의 때로 인식하고 있었다. 로마황제가 통치하는 낡은 시대가 놀라움과 산고 가운데서 마지막을 향해 치닫고 있음을 보았던 것이다.

한 때의 종말은 그것으로 끝나는 것이 아니다. 그것은 새로운 때의 시작을 의미한다. 예수는 시종관(始終觀)이 아니라 종시관(終始觀)으로 살았다. 옛 시대의 끝을 새 시대를 알리는 징후로 보았던 것이다. 로마 통치의 끝과 하느님나라의 시작은 예수에게 한 동전의 양면으로 이해되었다.

시대의 분기점에서 우리는 어떠한 자세로 살아야 하나? "회개하라!" 그것은 회개의 삶이다. '회개하라'로 번역된 명령어 '메타노에이테(metanoeite)'는 '뉘우치라' 이상의 의미를 지닌다. 기존의 생각이나 생활 양식을 그대로 가지고는 결코 새 세상에 들어갈 수 없다는 것이다. 생각과 삶의 양식을 바꾸는 것이 새 세상에 들어가기 위해 요구되는 필수사항이라는 것이다.

예수의 하느님나라 운동의 성격

예수가 펼친 하느님나라는 사람이 죽어서 가게 되는 천당에 국한되지 않는다. 하느님나라는 장소개념보다 시간개념으로 이해되어야 한다. 하층민의 일상적인 삶의 현장인 '현재-이 순간'을 떠나 하느님나라는 존재하지 않는다. 하층민이 놓여 있는 '지금-여기'의 일상적인 생활 세계에서 가장 절실한 문제는 무엇인가? 가난과 굶주림이었고, 갖가지 사회적 질병과 정신질환 문제였다.

예수가 펼친 하느님나라 운동의 지향점은 인류의 구원과 해방이라는 거창한 이야기가 아니었다. 일상적인 생활세계에서 고통을 겪고 있는 하층민들의 애환이 담긴 소소한 이야기들이었다. 예수의 하느님나라 운동은 세 가지 특성을 갖는다.

참사람 됨의 인성교육

첫째는 빵 그리고 채무 탕감 운동이었다. 갈릴리 하층민을 짓누르는 사회적 억압의 중심에는 먹고사는 문제와 빚 문제가 있었다. 일용할 양식은 인간이 생존을 위해 기본적으로 갖추어야 할 필수사항이다. 가난한 사람들의 축복선언이나 주기도문에서 볼 수 있듯이, 하느님나라 운동의 중심에는 일용할 양식과 빚 탕감 문제가 있다.

둘째는 갖가지 질병으로부터 사회 소수자들을 고쳐주는 운동이었다. 가난과 질병은 밀접한 관계가 있다. 불평등한 사회시스템에서는 가난한 사람들이 질병에 노출되기 쉽고, 질병으로 고통을 당하는 사람들은 가난할 수밖에 없다. 소수자들을 위한 사회적 안전망이 전무한 사회였기 때문이다.

셋째는 하느님 자녀로서의 '자기 바로 알기' 운동이었다. 예수는 자기 혼자만 하느님의 아들이라고 생각하지 않았다. 하느님 형상(imago dei)에 따라 지음받은 사회의 소수자들도 하느님 아들이 될 수 있는 잠재성을 지닌 존재로 보았던 것이다. 마음이 청정한 사람은 하느님을 볼 것이며, 평화를 위해서 일하는 사람이나 하늘의 뜻을 따르는 사람을 하느님의 아들이라 불렀다(마 5장).

예수는 갈릴리 하층민과 동고동락하였고, 삶의 동반자로서 그들과 더불어 살았다. 예수의 하느님나라 운동이 갈릴리 하층민에 의해 열렬한 지지를 받게 되자, 유대사회의 지배층과 총독 빌라도는 로마의 식민통치 질서를 어지럽힌다는 이유로 예수를 체포하였고, 반로마 정치범으로 몰아 십자가에 처형했다. 기원후 33년 4월 중순경이었다. 예수가 정치범으로 십자가에 처형되었다는 것은 그가 펼친 하느님나라 운동이 결코 사적 차원에 국한된 개인구원 운동이 아니었음을 단적으로 보여준다. 그것은 사회의 소수자들도 하느님의 아들딸로서 자긍심을 갖고 사람다운 삶을 살아갈 수 있는 사회구현을 위한 공적 휴머니즘 운동이었다.

수운의 하느님 체험

수운은 1860년 4월 5일 조카 최맹윤의 생일잔치에 참석한 후 집으로 돌아와 대청에 오르자 갑자기 몸이 떨리고 정신이 아득해지면서 하늘이 진동하는 체험을 한다. 이러한 신비체험 가운데서 천어(天語)를 듣게 된다.

무서워 말고 두려워 말라. (중략) 세상 사람들이 말하는 상제(上帝)가 바로 나다.

7_ 東經大全. 수운이 지식층 포교를 위하여 한문으로 쓴 동학 경전. 기독교 신앙의 장단점을 인정하고 비판하면서도, 유불선 삼교(三敎) 사상을 비롯하여 고대 한민족의 통치이념인 홍익인간과 재세이화에 기대어 주체적이고 자주적인 사상을 펼친다.

《동경대전》[7]에 의하면 이때 수운이 들은 천어는 두 마디로 압축된다. '여역무공'(余亦無功)과 '오심즉여심'(吾心卽汝心)이 그것이다. 수운은 하느님과 인간을 개별적으로 이해하지 않는다. 하느님과의 관계 속에서 인간을 말하고, 인간과의 관계 속에서 하느님을 말한다. 그에게 하느님에 관한 명제는 인간에 관한 명제이고, 그 반대도 진리이다. 그런 의미에서 수운에게 동학의 인간학은 신학이요, 신학은 곧 인간학이다.

여역무공

하느님은 자기를 여역무공(余亦無功)이라고 소개한다. 선천개벽 이후 5만 년 동안 우주만물을 다스려왔으나 아무 소득이 없었다는 것이다. 그러하기에 너를 세상에 보내어 '다시 개벽' 5만 년의 시대를 열어 자기의 뜻을 이루도록 하겠다는 말이다. 하느님은 자기가 창조하시고 지탱하고 있는 우주만물 가운데서 당신의 뜻을 펼치시는 분이다. 헌데 스스로 하늘의 뜻을 다 펼치지 못했기에 인간을 통해서 펼치겠다고 한다. 하느님은 자기 뜻을 펼치되, 인간을 통해서 한다. 하늘의 뜻을 펼치는 데 참여함으로써 인간됨의 가치가 발견된다는 것이다.

이것은 하느님의 뜻이 하늘에서와 같이 땅에서도 이루어지기를 기원

참사람 됨의 인성교육

하는 주기도문의 내용에 상응한다. 예수는 제자들에게 무엇이라고 말하고 있는가. "나더러 주여, 주여" 부르짖는 사람이 아니라, 하늘 뜻을 실천하는 사람이라야 하늘나라에 들어갈 것이라고 한다(마 7:21).

《용담유사》[8]에서는 '여역무공'(余亦無功)을 '노이무공'(勞而無功)으로 바꾸어 쓰기도 한다. 열심히 일을 하되, 그 공을 자기 것으로 돌리지 않는다는 뜻으로도 해석이 가능하다. 하늘님은 쉼 없이 일하고 계신다. 허나 노동의 결과를 사유화하지 않는다. 쉼 없이 일을 하되, 그 공을 내 것으로 삼지 않는 것이 하늘님의 특성이다. 하늘님에게 내 것이란 따로 없다. 모든 것은 하느님에게 속하고 모두에게 속한다. 공(空)의 특성을 지닌 일체 존재는 공(公)이다.

봄에 돋아나는 새싹과 형형색색의 꽃은 사람들에게 기쁨을 준다. 여름의 우거진 녹음과 울창한 숲은 시원함을 주고, 가을의 곱게 물든 단풍 그리고 오곡백과는 수확의 기쁨을 준다. 추수를 마치고 난 후, 텅 빈 암갈색의 들녘과 눈 덮인 산천을 바라보고 있노라면, 마음이 평온해진다. 사시사철 자연은 사람들에게 많은 것을 준다. 허나 아무것도 바라지 않는다. 어느 것 하나도 내 것으로 삼으려고 하지 않는다. 주되 바라지 않는 것이 자연의 순리요, 세상 돌아가는 이치이다.

복음서에 보면 예수께서 많은 병자를 고치는 장면이 자주 나온다. 열두 해 동안 하혈하는 여인의 병을 고쳐 준 다음 예수는 무어라고 말하는가? "네 믿음이 너를 고쳤다"(막 5:34). 예수는 많은 병든 사람들을 고쳐 주었으나 그 공을 자기에게 돌리지 않는다. 노이무공의 삶을 살았던 것이다.

자연세계에는 사(私)가 없다. 공(公)만이 존재할 뿐이다. 이러한 하늘님의 공성(公性)에 대한 깨달음이 여역무공이다. 일하되 그 열매를 내 공으로 돌리지 않는다는 수운의 여역무공은 《도덕경》 제2장의 공성이 불거(功成而不居)에 상응한다. 노자는 공을 이루었으면 그 자리에 미련을 갖지 말고 떠나라고 하였다.

8_ 龍潭遺詞. 수운이 서민·부녀자 등 서민층 포교를 위하여 한글로 쓴 노래가사집이다. 득도하기까지의 과정, 득도(得道) 후의 심정, 교도들에 대한 훈계와 권면이 중심 내용을 이루고 있다.

만물은 스스로 자라는데 말하지 않고, 낳되 소유하지 않으며, 행하되 보답을 바라지 않으며, 공을 이루되 머물지 않는다. 오직 머물지 않음으로서 공이 사라지지 않는다

萬物作焉而不辭, 生而不有, 爲而不恃, 功成而不居, 夫有不居, 是以不去

일꾼 하느님

유대사회는 안식일 노동을 율법으로 엄격하게 금지하고 있다. 창세기에 따르면 하나님께서 엿새 동안 만물을 창조하시고 이렛날 쉬셨다. 이날을 기념하기 위해 안식일 법령이 제정되었고, 이를 온 백성이 지키도록 하였다. 예수께서 예루살렘에 올라갔을 때 일이다. 그날은 안식일이었다. 베데스다 연못가에서 38년 동안 침상에 누워 지내는 한 병자가 있었다. 예수께서 그를 측은히 여기시고 병을 고쳐주셨다.

예수께서 병 고치는 장면을 보고 있던 유대인들이 어찌하여 안식일에 해서는 안 될 일을 하느냐고 예수께 대들었다. 그러자 예수께서 답하셨다. "내 아버지께서 지금까지 일하고 계시니 나도 일한다"(요 5:17). 예수는 하느님을 노동하시는 분으로 이해했다. 노동은 하느님의 특성이다. '지금 이 순간'까지도 쉼 없이 일하고 계신 분으로 하느님을 소개한다. 밤과 낮, 사시사철 쉬지 않고 돌아가는 자연세계의 운화(運化)에서 예수는 쉼 없이 일하고 계신 일꾼 하느님의 모습을 발견했을 것이다. 쉼 없는 노동의 맥락에서 예수는 안식일 법령을 어기는 줄 알고 있었음에도 불구하고 38년 된 와상 환자를 치료해 주었던 것이다. 병을 고치고 생명을 살리는 일이야말로 안식일의 기본 정신이었기 때문이다. "사람의 아들이 안식일의 주인이다"라는 선포는 예수 휴머니즘 대헌장이다(막 2:27).

해월도 하늘님의 특성을 노동에서 찾았다. 그는 일거리를 손에서 놓

참사람 됨의 인성교육

지 않았다. 평상시 낮잠을 자는 일이 없었고, 무료하게 시간을 낭비하는 일이 없었다. 항상 시간이 나면 짚신을 삼거나 아니면 새끼를 꼬았다. 일감이 다하면, 꼰 새끼를 다시 풀어 꼬았다. 이를 보고 제자들이 기이히 생각하여 물었다. "어찌하여 꼬았던 새끼를 풀어 다시 꼬고 계신지요? 이제 좀 편히 쉬시는 것이 어떻겠습니까?" 해월이 답했다. "하늘님도 쉼 없이 일하고 계신데, 하늘님의 녹을 먹고 사는 우리가 어찌 부지런하지 않겠는가? 그것은 하늘님의 뜻을 어기는 것이 된다."

하늘마음이 사람마음이다

여역무공(余亦無功)과 함께 수운이 들은 또 하나의 천어는 '내 마음이 곧 네 마음이다'로 풀이되는 '오심즉여심'(吾心卽汝心)이다. 수운을 통해 세상을 구제하고자 하는 하늘님의 간절한 소망을 담은 말이겠지만, 이 천어는 하늘님 마음(天主心)과 인간 마음(人心)이 다르지 않음을 천명하고 있다. 하늘님 마음이 따로 있고, 사람 마음이 따로 있는 것이 아니다. 하늘님 마음이 인간의 마음이고, 사람 마음이 하늘님 마음이다. 하늘님 마음과 사람 마음은 둘이 아니다.

이에 반해 기독교 정통주의 신학에 따르면 하느님은 하느님이고 사람은 사람일 뿐이다. 정통주의 기독교에서 주장되는 전적 타자로써의 하느님은 인간과 질적 차이를 지닌다. 양자 사이에 상호소통할 수 있는 접점이 없다. 오로지 질적 단절이 있을 뿐이다.

득도 후 수운은 1년간 칩거하며 신 체험을 깊이 성찰한다. 그가 본격적으로 포교활동을 펼치는 것은 이듬해인 1861년 6월부터이며, 1862년 12월에는 경상도를 중심으로 신앙공동체 조직 '접'(接)을 만들어 본격적인 포교활동을 펼치다가 1863년 11월 20일 관군에 의해 체포되어 이듬해 3월 10일 사도난정(邪道亂正)의 죄목으로 대구장대(大邱將臺)에서 참수형에 처해진다. 그의 나이 41세 때였다.

예수와 수운 사이에는 2,000년의 격차가 있다. 지역과 문화적인 간격도 있다. 그러나 놀랍게도 공통점이 많다. 자기가 하느님의 아들임을 예수가 깨달았다면 수운은 하느님 마음과 자기 마음이 둘이 아님을 깨달았다. 두 사람 모두 인간으로서의 자존감을 하늘님과의 관계에서 찾았다고 볼 수 있다. 예수의 하느님나라 확장과 수운의 다시 개벽도 민중이 주도하는 세상을 추구한다는 점에서 유사하다. 주체성, 평등, 연대라는 공(公)의 가치실현을 통해 사람이 사람답게 살 수 있는 사회건설을 지향한다는 지평에서 볼 때도 그러하다. 공적 활동 기간도 대략 비슷하다. 3년 정도이다. 또한 둘 다 정치범으로 처형되었다.

예수의 신학적 인간관

창세기의 인간관

창세기에는 하느님께서 세상을 창조하시는 이야기가 나온다. 세상과 만물을 모두 창조하신 다음 하느님은 맨 마지막 날에 그의 모형을 따라 인간을 창조하신다. "하나님이 가라사대 우리의 형상을 따라 우리의 모양대로 우리가 사람을 만들고 …… 하나님이 자기 형상, 곧 하나님의 형상대로 사람을 창조하시되"(창 1:26 27). '형상'으로 번역된 히브리어 '첼렘(tselem)'은 문자대로 번역하면 '닮은 꼴'인데 문맥에서는 하느님의 존엄하고 거룩한 성품을 가리킨다. 태어날 때부터 '하느님의 첼렘'을 지닌 것이 인간이라는 선언이다. 신의 모습(imago dei)을 지니고 있기에 모든 인간은 신분귀천을 막론하고 지극히 존엄한 존재라는 것이 히브리인들이 생각했던 인간 이해의 핵심이다.

마이스터 에카르트의 인간 긍정

인간은 본래 죄인으로 창조된 것이 아니다. 하느님의 형상을 지닌 선한 존재로 창조되었다. 여섯째 날에 창조된 인간을 보시고 하느님은 '참

참사람 됨의 인성교육

으로 좋았다'고 하셨다(창 1:31). 창세기는 인간에 대한 절대 긍정의 창조신학을 전개하고 있다.

이와 같은 창조신학에 기대어 마이스터 에카르트[9]는 이 세상의 본질을 선에서 찾았다. 인간을 규정하는 힘 또한 원죄(original sin)가 아닌 원복(original blessing)에서 찾았다. 그는 선하신 하느님의 혈통을 지닌 인간 안에 하느님의 씨앗이 내재해 있음을 보았다. 배나무 씨앗이 자라서 배나무가 되고 개암나무 씨앗이 자라서 개암나무가 되듯이, 내면에 있는 하느님의 씨앗이 자라서 모든 인간은 하느님으로 성장해야 한다. 하느님의 씨앗은 창조와 자비이다. 인간은 창조와 자비실천에 의거하여 다른 사람에게 복을 베풀도록 운명 지어진 존재라는 것이다. 에카르트에게는 인간의 삶 자체가 복이고, 복이 곧 삶이다.

신성(神性)을 지니고 있다는 점에서 예수와 인간 사이에는 질적 차이가 없다. 단지 인식의 차이만이 존재할 뿐이다. 사회적 빈부, 계층, 지식의 유무를 초월하여 모든 인간이 평등하게 태어났다. 한 걸음 더 나아가 에카르트는 인간사회의 평등을 넘어 우주 만물의 평등을 말한다. 근원의 선함에 있어서 인간과 다른 피조물 사이에는 차별이 없다는 것이다. 모든 피조물은 하느님의 연인이다.

그는 사회의 소수자들을 보살피는 일, 사회정의를 구현하는 일, 우주 만물의 본래 모습을 회복하는 창조와 자비 행을 하느님의 형상을 지닌 인간의 본성에 가장 잘 어울리는 일로 보았다. 에카르트에게 자비 행의 대상은 존재하지 않는다. 나와 분리된 존재로서의 대상은 이 세계에 있을 수 없기 때문이다. 자비 행과 더불어 에카르트는 하느님께서 거하시는 처소로써 무심(無心)을 말한다. 무심은 사사로움을 여읜 공(公)의 자리이다(매튜 폭스, 《마이스터 엑카르트는 이렇게 말했다》 참조).

이스라엘의 하느님 야훼

이스라엘 민족사는 히브리 노예들의 출애굽 사건(기원전 1250)에서

9_ 1260~1328. 중세의 끝자락에서 청빈을 신앙의 본질로 삼았던 기독교 신비주의 영성가. 그에게 청빈은 윤리개념이 아니라 일종의 존재개념이었다. 일체의 바람을 놓아 버리고(poverty of will), 내가 무지함을 알며(poverty of intellect), 인생은 공수래공수거(poverty of being)임을 깨달아 실천하는 삶을 최고의 덕목으로 삼았다.

시작된다. 이집트 왕정의 압제에서 고생을 하고 있던 히브리 노예들은 모세의 영도하에 이집트제국 탈출에 성공한다. 히브리 노예(이 집단을 이스라엘이라 한다)는 반세기 동안 광야 유랑생활을 끝내고, 기원전 12세기 초 가나안 산간 지역에 정착하게 된다. 이 지역에는 이미 여러 사회집단이 거주하고 있었는데, 이집트에서 탈출을 경험했던 히브리들이 이 집단들과 연합하여 하나의 통일된 연합국을 결성했다.

'오직 야훼 하느님 신앙'하에서 연합된 초기 열두 이스라엘지파동맹을 일컬어 '암픽티오니amphiktiony'라고 부른다. 유일신 야훼 제의 공동체라는 뜻에서다. 초기 이스라엘 동맹국에서 각 지파 사이에는 평등이 보장되었고, 왕 대신 판관을 세워 나라를 다스렸다. 그러나 기원전 1000년 다윗왕조 시대에 접어들면서 이스라엘은 하나님을 군주로 섬기게 되었고, 하느님과 이스라엘은 상하수직적인 주인과 종의 관계로 재정립되었다. 그 이후 이스라엘 역사에서 하느님은 율법을 빌미로 이스라엘의 일상적인 삶을 일일이 감시하고 처벌하는 군주로 인식되기에 이르렀다.

예수의 아버지 하느님

예수는 하느님을 인간 위에 군림하여 억압적으로 통치자로 이해하지 않았다. 하느님은 왕도 아니었고 주인도 아니었다. 예수는 하느님을 "우리 아버지"(마 6:9-13/눅 11:2-4) 또는 "압바 아버지"라고 불렀다(막 14:36). 하느님과 인간을 상하주종의 관계로 본 것이 아니라 주체 대 주체의 관계, 곧 어버이와 자식의 관계로 본 것이다. 예수에게 하나님은 자식을 지극히 사랑하는 자애로운 부모였다. 당대 유대사회의 제왕적 하느님 상에 대해 예수는 어버이 하느님 상을 제시했다. 신관과 인간관에 대한 패러다임 교체로 볼 수 있을 것이다.

한 걸음 더 나아가 예수는 인간을 신과 동등시하는 발언을 한다. "나와 아버지는 하나이다"(요 10:30). 예수의 발언에 유대인들은 그를 돌

참사람 됨의 인성교육

로 치려 한다. 하느님을 모독했다고 판단했기 때문이리라. 그러자 예수는 시편에 이미 "너희는 신이다(theoi esthe)"(시 82:6) 라고 언급되어 있음을 상기시킨다. "하느님의 말씀을 받은 사람들은 모두 신(gods)이다"(요 10:35).

도마복음의 '아버지 아들'

예수는 말한다. "너희가 네 자신을 알 때, 비로소 너희는 알려질 수 있을 것이다. 그리하면 너희가 곧 살아 있는 아버지의 아들임을 깨닫게 될 것이다"(말씀 3). 도마복음[10]의 예수는 '하느님' 호칭보다 '아버지' 호칭을 즐겨 사용한다. 민족주의적인 관점에서가 아니라 보편적이고 본질적인 인간관계 지평에서 하느님을 이해하고 있음을 알 수 있다. 나 자신을 안다는 것은 내가 곧 아버지의 아들임을 깨닫는 것과 분리되지 않는다.

내가 스스로 아버지 아들임을 알아차릴 때, 나는 비로소 세상 사람들에 의해 아버지의 아들임이 알려지게 될 것이라고 한다. 도마복음의 예수는 자기만이 아버지의 외동아들임을 말하지 않는다. 자기를 믿어야만 영생을 얻게 된다고 말하지도 않는다. 도마복음에서 예수는 모든 인간으로 하여금 자신이 누구인지 스스로 돌아보게 한다. 예수는 모든 인간으로 하여금 스스로 아버지 아들임을 깨닫게 하는 지혜의 전달자로써 소개된다.

요한복음에서 예수는 서로 사랑하는 사람을 일컬어 그의 친구라고 부른다. "내가 명하는 것을 지키면 너희는 나의 친구가 된다. 이제 나는 너희를 종이라 부르지 않고 친구라고 부르겠다"(요 15:14). 서로 사랑할 때, 예수와 나는 주인과 종의 관계가 아니라 친구 대 친구의 관계로 바뀌게 된다. 서로 사랑함으로써 나와 예수는 호혜 평등한 우정관계로 발전한다.

이상에서 살펴본 대로 복음서에 나타나고 있는 예수의 신학적 인간

10_ 1945년 이집트 나그함마디에서 발견된 문서로 곱트어로 쓰였다. 전체 114개 문장으로 구성되었으며, 이 책을 읽는 자는 죽음을 맛보지 않는 영생을 얻을 것이라고 저자는 말한다. 믿음이 아니라 깨달음을 강조하며, 구원자 메시아가 아니라 인간 안에 있는 신적 본성을 일깨우는 영적 인도자로 예수가 소개된다.

관은 하느님의 자녀라는 점에서 모든 인간은 평등하다는 사상에 기초하고 있다. 그런데 유의해야 할 점이 있다. 인간 평등을 말할 때 예수는 추상적인 인간 일반을 염두에 둔 것이 아니다. 유대사회의 기득권 세력에 의해서 사회경제적으로 소외된 가난한 사람들을 지칭하고 있다(막 4:36; 6:34; 7:33).

사회의 소수자들도 하느님 자녀로써의 자존감을 잃지 않고, 주체적으로 인간다운 삶을 살 수 있는 정의와 평등에 기초한 휴머니즘 사회를 구현하는 것이 예수운동의 지향점이었음을 알 수 있다.

불연기연의 세계관

아리스토텔레스의 논리학

아리스토텔레스에게 뿌리를 두고 있는 서구의 형식논리학에 따르면, 사물을 판단을 할 때 긍정하거나, 부정하거나, 아니면 선택적 판단을 하게 된다. 즉 'A는 A이다'라는 동일률(the principle of identity)이 긍정판단의 근거가 된다면, 'A는 비(非)A가 아니다'라는 모순율(the principle of contradiction)은 부정판단의 근거가 된다. 'A는 A이거나 비(非)A이다'라는 배중률(the principle of excluded middle)은 선택적 판단의 근거가 된다.

이러한 서구의 형식 논리적 사유구조에서 개체사물은 고립된 단자(單子) 또는 실체로 파악된다. A는 A이고, B는 B일 뿐이다. 양자 사이에 소통이나 접속의 가능성은 존재하지 않는다. 이러한 배타성에 기초한 이분법의 사유구조에서, A는 B를 흡수시켜 자기화(自己化)하거나, 그것이 불가능할 경우 이를 적으로 돌려 무화(無化)시키려고 한다. 이런 현상은 19세기 말 서구열강의 제국주의적 식민국가 침탈의 역사에서 찾아볼 수 있다.

참사람 됨의 인성교육

동학의 세계이해 방식

동학은 어떤 논리구조로 세계를 이해하는가? 수운은 《동경대전》에서 불연기연(不然其然)의 논리를 편다. 곧 '아니다-그렇다'의 시각에서 사물을 파악하였다. 기연(其然)은 사람의 오감으로 인식 가능한 생활세계 전반을 지칭한다. 허나 기연을 깊이 파고 들어가면 사람의 오감으로 인식 불가능한 본질의 세계와 마주치게 된다. 이를 불연이라고 한다. 기연이 앎의 영역에 해당된다면, 불연은 모름의 영역에 속한다. 모른다고 해서 불연이 나와 무관하다는 것은 아니라 일상적인 기연의 세계와 마주하고 있다.

수운은 개체 사물이 지니고 있는 불연과 기연을 적대적 대립관계로 파악하지 않는다. 상호보완적인 소통 관계로 파악한다. 서구의 사유구조와 달리 동학에서 개체사물은 고립된 단자로 존재하지 않는다. 다른 사물과 서로 의존되어 있고, 서로 관계되어 있다고 본다. 현상계는 본질계의 드러남이고, 본질계는 현상계의 또 다른 차원이다. 앎은 모름에 근거해 있고, 모름은 앎의 바탕이다. 기연은 불연을 품고 있고, 불연은 기연으로 자기모습을 드러낸다.

수운은 모든 사물을 관계 속에서 파악하는 불연기연의 사유구조 지평에서 시천주(侍天主) 또는 인즉천(人卽天) 사상을 펼친다. 형식논리에 따르면 인간은 인간일 뿐이다. 다른 존재가 될 수 없다. 그러나 유한은 무한을 모시고 있는 존재이다. 그런 뜻에서 해월은 인간을 하늘이라 했다. 유한적인 존재인 인간을 무한인 하늘과 동일시했다. 불연이 절대의 세계라면 기연은 상대의 세계이다. 불연은 일(一)의 세계이고 기연은 다(多)의 세계이다. 일즉다(一卽多)요 다즉일(多卽一)이다. 불연(一)과 기연(多)의 역동적인 통일을 지향한다는 점에서 동학은 일원론이라 할 수 있을 것이다. 불연기연의 논리는 무한과 유한, 절대와 상대, 오감으로 인식 가능한 세계와 인식 불가능한 세계 사이의 상호의존성을 말한다.

씨알의 불연기연

동학의 불연기연 사상은 씨알사상에도 나타난다. 함석헌에 따르면 씨알은 다른 것이 아니다. 하나님이 지상에 내려와 흙 묻은 것이다. 씨알 속에 하늘 뜻이 영글었고, 씨알의 꼭짓점은 하늘에 닿아 있다. 씨알은 우주생명의 중심을 품고 있다. 흙 묻은 하나님, 곧 씨알에서 함석헌은 땅에 묻힌 하늘을 보았다. 씨알이라는 기연 속에 하나님이라는 불연이 내재해 있음을 말하고 있는 것이다.

이와 같이 씨알이 담고 있는 천지인 합일 사상은 서구적인 주객도식을 넘어선다고 박재순은 정당하게 말하고 있다. "씨알을 떠나서 하나님을 만날 수 없고, 구원을 얻을 수 없다. 씨알사상은 모든 사람, 모든 중생이 신성과 불성을 지녔다는 동양적 사유를 전제한다"(박재순, 《민중신학에서 씨알사상으로》, 113면) 씨알이라는 기연 속에 이미 하느님의 씨앗인 불연이 내재되어 있음을 보고 있는 것이다.

요한복음의 불연기연

수운이 말하는 불연기연의 세계 이해는 요한복음의 핵심사상 가운데 하나인 성육신에 상응한다. 요한복음 서언인 1장 1–18절에는 복음서 전체 사상이 축약되어 있다고 볼 수 있다.

태초부터 존재한 '그 로고스(ho logos)'는 신적 성품을 지닌 분이라는 것, 그 로고스에 의해 세상만물이 지어졌다는 것, 그 로고스가 우리 가운데 머물러 계셨다는 것, 예수가 바로 그분이라는 것이다. 하느님의 속성을 지닌 그 로고스가 인간이 되었다는 성육신은 본질이 현상이 되었다는 공즉시색(空即是色)과도 통한다.

기독교의 모든 교리와 신학은 "말씀이 육이 되어 우리 가운에 계셨다"(요 1:14)는 성육신 사상으로 수렴된다. 육이 된 그 말씀, 곧 인간이 되신 하느님은 불연이 기연이 되었음을 선언한다. 예수는 불연이다. 길이요 진리요 생명이다. 기연을 통하지 않고 불연에 이르는 길은 없다(요

참사람 됨의 인성교육

14:7). 기연 안에 불연이 있고, 불연 안에 기연이 있다(요 14:11). 불연은 기연과 하나이다. 예수는 아버지와 '하나'임을 선언한다(요 17:22). 성육신 사상들은 예수야말로 불연과 기연의 원융합일체(圓融合一體)임을 보여 주고 있다. 요한복음의 불연기연 사상은 기독교 신학의 토대를 이루고 있다.

불연기연은 사물을 보는 우리의 안목을 넓혀 준다. 개체론적이고 실체론적인 시각에서 눈을 돌려, 전일적(全一的)이고 관계론적인 지평에서 사물을 보도록 안내한다. 본래 고정된 실체로써의 '나'는 존재하지 않는다. 특정한 조건하에서 '나 아닌 것들'이 연기적으로 모여 '나'라는 존재를 잠정적으로 구성하고 있을 뿐이다. 어떤 조건하에서 '나 아닌 것들'로 '나'를 삼고 있다가 그 조건이 사라지면, 나는 해체되어 본래 나 아닌 것들로 되돌아간다. 그런 면에서 나와 나 아닌 것, 곧 나와 타자는 하나도 아니면서 그렇다고 다른 것도 아닌 불일불이(不一不異)의 불연기연 관계로 존재한다.

예수의 불연기연

하루는 바리새파 사람들이 예수께 와서 묻는다. "율법에서 가장 큰 계명이 무엇인가요?" 예수께서 말씀하셨다. "네 마음을 다하여, 혼을 다하여, 정신을 다하여 주 너희 하나님을 사랑하라. 그리고 네 이웃을 네자신처럼 사랑하라. 모든 율법과 예언자들의 말씀이 이 두 계명에 다 들어 있다"(마 22:34-40; 참조, 눅 10:25-28; 막 12:28-34).

정성과 혼을 다하여 천지부모이신 하느님을 공경하는 것, 그리고 이웃 사랑하기를 내 몸처럼 하는 것, 예수가 제시한 경신애인(敬神愛人) 계명에는 히브리 성경의 모든 사상이 압축되어 나타나고 있음을 볼 수있다. 하느님은 눈에 보이지 않는 분이다. 불연의 존재이다. 이웃은 인식 가능한 영역 안에 있다. 기연의 존재이다. 눈에 보이지 않는 하느님을 공경한다고 하면서 눈에 보이는 이웃을 사랑하지 않는다면 거짓이다(요일 4:20). 그 반대 역시 진리이다. 하느님 공경과 이웃 사랑은 선후(先後)가 아닌 동시적 사건으로 이해되어야 한다. 불연과 기연은 동시적 사건이다.

한 걸음 더 나아가 예수는 하늘에 계신 아버지의 아들이 되는 조건을 제시한다. 그것은 아버지의 속성인 '완전함'에 이르는 삶이다(마 5:48). 어떻게 하면 하느님의 완전함에 이를 수 있는가? 원수 사랑의 실행을 통해서이다(마 5:44-45). 원수까지 사랑하여 미움을 근절시키는 것이야말로 하느님의 완전함에 이르는 길이다.

이 본문은 공적 맥락이 아닌 사적 맥락에서 제시된다. 사랑해야 할 원수로 누구를 지목하고 있는가? 로마 식민지 권력층이 아니다. 예수가 살았던 시대적 상황을 고려할 때 하느님 나라 선교운동의 주요 대상이었던 가난으로 인해 빚을 갚을 수 없는 채무자일 것이다. 빈곤층에는 상대적 빈곤층과 절대적 빈곤층이 있었을 것이고, 그들 사이에는 생존을 위해 채권-채무 관계가 형성되었을 것이다. 빚 갚을 능력이 없어 관계가 악화된 이웃(원수)에 대한 배려와 사랑이 원수사랑 계명의 시대적 배경을 이루고 있을 것이다. 구체적으로 원수사랑 계명은 빚 탕감과 연관되어 있다. 예수에게 있어서 원수는 '또 다른 나'이고 '나의 연장'이다. 원수를 사랑하지 않으면 안 되는 이유가 여기에서 발견된다.

시천주의 인간관

동학이 수운의 천어 체험에서 시작되었다는 점에 대해서는 앞에서 언급했다. 이를 신학적으로 체계화한 것이 《동경대전》이라면, 민중으로 하여금 쉽게 이해하도록 노랫말로 지은 것이 《용담유사》이다. 그리고 간략하게 주문 형식으로 축약해 놓은 것이 '시천주 주문'이다.

동학의 사회적 배경은 무엇이었는가? 홍경래 농민봉기(1811년), 진주 농민봉기(1862년)에서 볼 수 있듯이, 동학이 태어났던 후기 조선사

참사람 됨의 인성교육

회는 말 그대로 혼돈과 흑암의 시대였다. 밖으로는 서구 근대 열강의 침탈이 노골화되었고, 안으로는 양반서얼의 신분제, 삼정문란(三政紊亂)으로 인한 경제적 피폐가 극에 달하였다. 국내정세의 혼탁과 질병과 괴질 만연, 도덕가치 붕괴, 고향을 잃고 떠도는 유랑민들의 비참한 운명에서 수운은 선천(先天)과 후천(後天)을 가르는 개벽의 징후를 읽어 내었다. 수운의 동학은 구질서의 붕괴와 아직 태어나지 않은 새 질서 사이의 틈바구니에서 창도된 것이다.

《동경대전》'논학문'(論學文)에서 수운은 동학 창도의 의미를 설명한다. "나는 동쪽(조선)에서 태어나 동쪽에서 도를 받았다. 내가 받은 도는 하늘에서 받았기에 비록 천도라 할 수 있지만, 학이란 입장에서 말하면 동학이라 할 수 있다."

동학은 흔히 서학에 대한 대안 개념으로 쓰였다고 생각하기 쉽다. 수운은 동쪽에서 태어났고, 동쪽에서 도(동학)를 받았음을 분명히 한다. 여기에서 동은 서에 반대되는 지리적 개념이라기보다, 우리 민족의 뿌리인 동이족(東夷族)과 연관된 개념임을 알 수 있다. 《환단고기》에 따르면, 우리 민족의 본래 뿌리는 중앙아시아의 천산(天山)에 뿌리를 둔 환국이다. 동방으로 이동하여 홍산문화를 세운 주체가 동이족인데, 동이족에서 환웅의 배달족으로, 단군의 조선족으로 내려온다.

동(東)은 해가 떠오르는 광명을 뜻한다. 새벽하늘, 생명, 탄생, 시작을 함유하기도 한다. 밝음을 뜻하는 '환'은 동방 한민족 사상의 원형질이다. 갑골문에서 이(夷)는 사람이 똑바로 서 있는 모습을 가리키는데, 하늘님의 대리인을 뜻한다. 이는 동이족이 하늘에서 내려온 하늘민족으로 알려져 있음을 나타내고 있다. 《후한서》에서 이족(夷族)은 어질고 생명 살리기를 좋아하는 종족으로 묘사되고 있다. 어의(語義)상 동이족은 하늘의 뜻을 펼치는 어질고 뭇 생명을 살리는 민족을 지칭하고 있음을 알 수 있다. 수운은 우리 민족의 '하늘에서 받은 이치'(天道)를 일컬어 동학이라 천명하고 있다.

수운의 하늘체험은 시천주 사상으로 요약된다. 인간은 하늘님을 모신 존재이며 하늘님을 모신 존재로 살아야 한다. 모심(侍)은 관계 개념이며 두 가지 차원을 지닌다. 육신의 부모를 공경하듯, 천지부모를 인격적인 존재로써 공경한다는 뜻을 지닌다. 다른 한편으로 모든 인간은 하늘님을 모신 존재이기에 존귀하며 평등하다는 생명평등 사상을 지닌다.

수운은 천주(天主)를 개념화하지 않는다. 개념으로 설명된 하늘님은 더 이상 본래의 하늘님이 아니기 때문이다. 하늘님은 형체 없는 분이기에 볼 수도 없고 들을 수도 없으며 인간의 인식 한계를 넘어서 계신다. 우주만물 속에서 그리고 우주만물을 통해서 인간은 다만 무형이적(無形而跡)의 하늘님을 간접적으로 경험할 뿐이다. 틸리히의 표현을 빌리면, 수운의 하늘님은 '궁극적 실재'(ultimate reality)이며 '존재의 터전'(ground of beings)이기도 하다.

수운은 시천주를 '내유신령(內有神靈) 외유기화(外有氣化) 일세지인(一世之人) 각지불이(各知不移)'로 풀었다. 내 안에 하늘님의 영이 항상 머물러 있음을 잊지 않고 사는 것이 내유신령이다. 하늘님의 영은 고원난처(高遠難處)에 계신 분이 아니라 내 안에 계신다. 바울의 언어로 표현하면, 내 몸이 하느님의 영이 머물고 있는 거룩한 집이라는 사실을 명심하고 사는 것이 내유신령이다(고전 6:19).

내 몸 밖에는 기화(氣化)가 있다. 기는 우주에 흐르는 하나의 통일된 생명 에너지이다. 만물은 기의 변화로 형성된다. 세상만물은 지기(至氣) 또는 일기(一氣)의 변화무쌍한 작용의 산물이다. 기화의 지평에서 본다면 내 몸은 다만 기의 취합집산 과정에서 나타나는 한시적인 형용일 뿐이다. 데카르트는 나를 '생각하는 주체'로 정의하였다. 허나 수운은 전체생명과 하나를 이루는 개체생명을 나로 보았다. 이와 같이 수운에게서 하늘님은 내재적 초월자이며 동시에 초월적 내재자로 파악된다. 불연기연인 것이다.

시천주의 사회·생태적 실천

내유신령과 외유기화가 신의 성품을 나타내고 있다면, 각지불이는 하늘의 이치에서 벗어나지 않는 인간의 행동을 가리킨다. '한 세상 사람들이 각자 알아서 이탈하지 않는다'(一世之人 各知不移).

각지불이는 한편으로 신령한 마음, 곧 양심에서 벗어나지 않는 행동을 말하고, 다른 한편으로 우주 만물이 굴러가는 공공의 질서에서 이탈하지 않는 삶을 말한다. 기독교적으로 보면 내 안에 성령이 내주하고 계심을 늘 알아차리고, 성령의 법도에서 이탈하지 않고 성화의 삶을 사는 것이다. 사적 이기주의에 매몰되지 않고, 공익을 우선으로 하는 인간의 사회적 성화가 불이(不移)이다.

성경(誠敬)

수운은 각지불이를 성경(誠敬)으로 풀기도 한다. 성은 하늘의 속성이다. 《중용》은 '지극한 성은 쉼이 없다'(至誠無息, 26장)고 말한다. 밤과 낮, 춘하추동 쉬이 없는 자연의 순환과정은 하늘님의 성실함을 드러낸다. 그런 의미에서 성실함(誠)은 거룩함(聖)이다. 경(敬)은 '성하려 함'(誠之)이다. 성을 본받으려는 인간의 자세를 일컫는다. 자연의 순환에 순응하고 만물의 이치에 거스르지 않는 삶이 성경이다. 《도덕경》은 우주 안에 있는 네 가지 큰 것을 말한다. 도, 하늘, 땅, 인간이 그것이다. 그 중에 인간은 땅을 본받고(人法地), 땅은 하늘을 본받고(地法天), 하늘은 도를 본받고(天法道), 도는 스스로 그러함을 본받는다(道法自然)고 한다(25장). 사람은 궁극적으로 자연의 순리에 따라야 함을 말하고 있다.

수심정기

이와 연관성 속에서 수운은 수행방법으로 수심정기(守心正氣)를 말한다. 수심(守心)은 인간의 본마음(本心)인 천심(天心)을 지키는 것이다. 수심이 신령스러운 본마음에 나를 접속시키려는 개인의 수행차원을 말하고 있다면, 정기(正氣)는 타인과의 관계성 속에서 자기 위치를 찾는 사회적 수행차원을 말한다. 정기는 사회정의 실현과 연관된다. 개인구원과 사회구원은 둘이 아님을 수심정기는 말해 준다.

맹자의 인간긍정

맹자가 제(齊)나라에 머물고 있을 때, 인간이면 누구에게나 잠재되어 있는 네 가지 참을 수 없는 본연의 마음(不忍之心)이 있음을 말했다. 다른 사람의 불행을 보고 그냥 지나치지 못하는 마음(惻隱之心), 부끄러움을 타는 마음(羞惡之心), 겸손할 줄 아는 마음(辭讓之心), 옳고 그름을 분별할 줄 아는 마음(是非之心)이 그것이다. 맹자의 성선설은 이러한 인간에 대한 절대 긍정에 뿌리를 두고 있다. 그 증거로 한 예화를 들고 있다. 어린아이가 아장아장 걸어서 우물로 다가가 빠지려고 할 때, 이를 목격하는 순간 누구나 놀라서 아이에게 다가가 붙든다는 것이다. 그것은 부모에게 잘 보이기 위함도 아니며, 사람들에게 칭찬을 들으려고 해서도 아니라는 것이다. 인간 본연의 불인지심이 발동해서라는 것이다.

경물사상

해월은 내 마음과 천지 마음이 둘이 아님을 보았다. 천지만물을 상통하고 감응하는 관계적 존재로 본 것이다. 내 마음이 편하지 않은 것은 천지만물이 편안하지 않음이라고 생각했다. 내 마음과 천지 마음이 둘이 아닌 한 마음(一心)이기에, 사람을 하늘로 섬겨야 한다는 것이 사인여천(事人如天) 사상이다. 해월은 한 걸음 더 나아간다. 사람뿐 아니라 만물을 하늘님으로 공경해야 함을 말했다(物物天事事天). 이러한 맥락에서 해월은 삼경(三敬, 경천, 경인, 경물) 사상을 펼쳤다.

경물(敬物)사상에서 서구 휴머니즘과 동학 휴머니즘은 판이하게 갈라선다고 볼 수 있다. 서구 휴머니즘이 제시한 인간은 하늘로부터 단절

참사람 됨의 인성교육

되어 있고, 물(物)을 정복하는 존재이다. 동학은 인간을 넘어 일체 만물을 공경해야 할 대상으로 본 것이다. 만물을 공경해야 한다는 것은 만물을 숭배하는 것과 다르다. 만물이 지니고 있는 신적 본성을 통찰하고 사람과 만물이 한 동포(物吾同胞)라는 의식을 갖고 대하는 것이다. 경물사상은 오늘날의 언어로 생태공경 사상과 통한다고 볼 수 있다. 수운의 시천주 운동도 생명 살림 운동의 일환이다. 하늘님을 모신다는 것은 뭇 생명 활동을 모심이다. 서구 휴머니즘에는 이러한 경물의 정치철학이 결여되어 있다.

수운에게 역사의 퇴보는 신령스러운 마음, 곧 양심(내유신령) 및 사회적 공공성(외유기화)의 법도에서 이탈하는 것을 뜻한다. 반면에 역사의 진보는 양심을 따르는 것이며, 사회 생태적 공공성을 확장해 가는 삶이다. 공공성은 다른 것이 아니다. 모든 것을 모두에게로 돌리는 것이다. 역사는 양심의 회복 과정이며 보편적인 공공성의 확장 과정이다. 이러한 수운의 진보사관은 다윈의 적자생존이나 마르크스의 계급투쟁과 차원을 달리 한다. 자본주의에서 말하는 사적자본의 확장이나 사회주의에서 말하는 계급이익의 실현을 통해서 역사가 진보하는 것도 아니다. 양심의 회복과 사회 생태적 공공성의 확장을 통해서 전체의 한 부분으로서의 한 인간이 인간답게 살 수 있는 역사의 진보가 이루어진다.

요약하자면 각지불이, 곧 시천주의 생활화는 다른 것이 아니다. 내 안에 계신 하늘님의 기운(성령)을 자각하고, 내 밖의 우주만물은 성령의 법도에 따라 운행되고 있음을 자각하는 것이다. 그리고 각자 서 있는 일상적인 '삶의 자리'에서 하늘의 법도에 벗어나지 않고 성령에 순응하는 삶을 사는 것이다.

각지불이에서 개인의 수행과 사회적 수행, 사회 생태적 영성과 공공성은 하나로 통일된다. 개인구원과 사회구원의 통일, 그리고 신과 혁명의 통일이 다름 아닌 시천주의 각지불이가 이루고자 하는 바이다.

무왕불복

수운이 득도했다는 소문을 듣고 선비들이 몰려들었다. "하늘의 영이 강림했다고 하셨는데, 도대체 무슨 이치를 깨달은 것인가요?" 이때 수운은 무왕불복(無往不復)의 이치를 깨달았다고 답한다. 간 것은 돌아오게 되어 있는 존재의 이치를 깨달은 것이다. 《주역》에서 무왕불복은 철 따라 변화하는 순환 법칙을 뜻한다. 수운이 깨달은 바는 다른 것이 아니다. 본래 옴도 없고 감도 없는(無往不復) 자리에서 가서 돌아오지 않음이 없는(無往不復) 자리를 깨달은 것이다. 다시 말하면 불생불멸의 자리에서 생성소멸의 이치를 깨달은 것이다. 파도는 일어났다가 사라진다. 시작과 끝이 있다. 허나 바닷물의 지평에서 보면 파도는 단지 물결의 출렁임에 불과할 뿐이다. 인간은 '영원한 현재'를 살고 있다.

예수의 생명복음 운동

진리의 명증성을 데카르트가 독립된 개체인 '생각하는 나'에서 찾으려고 했다면, 후설은 관념이 아닌 '상호주관적인 생활세계'에서 찾으려고 하였다. 하버마스는 합리적 이성의 근거를 공공생활 영역의 소통에서 찾으려고 하였다. 서구 관념론의 영향히에 있는 기독교는 진리를 주관적이고 사적인 문제로 환원해 놓았다. 구원도 사적인 것이며 복음도 사적인 것이었다. 신앙도 다만 사적인 문제였다. 기독교는 몰트만이 말했듯이 서구 개인주의문화 속에서 일종의 사적 제의종교화하였다.

그렇다면 예수운동에서 보이는 복음의 원형은 어떠한가? '생명살림'이다. 안식일에 예수께서 밀밭 사이를 지나가시게 되었다. 제자들이 밀 이삭을 자르기 시작하자 바리새파 사람들이 예수께 항의했다. "왜 당신의 제자들은 안식일에 해서는 안 될 일을 하는가?" 그러자 예수께서 단도직입적으로 말씀하신다. "안식일이 사람을 위해 생겼지, 사람이 안식일 위해 존재하는 것이 아니다. 사람의 아들은 안식일의 주인이다"(막

참사람 됨의 인성교육

3:23-28). 그리고 묻는다. "안식일에 생명을 살리는 일과 죽이는 일 중 무엇을 해야 하는가?"(막 4:4). 안식일 계명보다 생명살림 계명이 더 우위에 있다. 사람이 안식일의 주인이라는 선언은, 인간의 생명을 최상의 가치로 삼고 있는 인권 대헌장이다.

포도원 품꾼 이야기가 있다(마 20:1-15). 포도 수확철이 되자, 포도원 주인이 품꾼을 고용하려고 새벽에 인력시장에 나가 하루 품삯으로 한 데나리온을 약속하고 데려왔다. 오후 늦게 파장 무렵에 나가 보니 그때까지 일이 없어 서성거리는 노동자들이 있었다. 주인은 그들도 모두 데려다가 일을 시켰다. 날이 저물자, 주인은 맨 나중에 온 사람부터 불러 노임으로 한 데나리온씩 주었다. 온종일 일한 사람은 나중에 온 사람보다 더 받을 줄 알았다. 허나 주인은 동일하게 지불했다. 그는 항의했다. "온종일 땀 흘려 일한 사람과 한 시간밖에 일하지 않은 사람과 어찌 임금이 동일한가?" 자본주의 체제에서는 무노동 무임금이 원칙이다. 일한 만큼 임금을 받는 것은 자본주의 경제정의에 속할 것이다. 헌데 주인은 노동한 만큼 임금을 지불한 게 아니라, 온종일 일한 사람이나 한 시간 일한 사람이나 동일한 임금을 지불했다. 늦게 온 사람에게 지불한 한 데나리온은 한 가족이 하루 연명하는데 필요한 최저 생계비에 해당한다. 이 예화는 형편에 따라 일하고 필요에 따라 분배하는 유무상통의 경제윤리를 반영한다.

예수께서 디베랴 호수 건너편에 가셨을 때였다. 많은 무리가 예수를 따랐다. 예수께서 제자들에게 저 사람들을 먹일 빵을 준비하라고 했다. 빌립이 부정적인 의견을 제시했다. 저 사람들을 다 먹이기 위해서는 200데나리온어치의 빵이 필요하다고 했다. 그때 안드레가 여쭈었다. "여기에 생선 두 마리와 보리빵 다섯 개를 싸온 어린아이 도시락이 있습니다"(요 6:9). 예수께서는 사람들을 풀밭에 앉게 하시고 그들을 배불리 먹이셨다. 남자만 대략 5천 명이었다고 한다. 이어오병(二魚五餠) 이야기(요 6:1-15)는 역사적 진실을 담고 있다. 어린아이가 작은 도시락을 내어놓음으로써 모두가 배불리 먹었다는 점이다. 더불어 사는 길은 다른 데 있지 않다. 내 것을 나누는 데 있다. 예수는 무소유의 삶으로 일관하셨다. 자발적 가난이 인류를 구원한다. 이와 같은 예수의 경제윤리는 생명살림을 최상의 가치로 삼고 있다.

향아설위 공동체

서구 모더니티의 특징이 '성(聖)의 세속화'에서 나타난다면, 동학 모더니티의 특징은 '세속의 성화'에서 나타난다. 모든 인간은 하늘님을 모시고 있는 존재이기 때문에 누구나 존엄하고 평등하다는 진리를 깨친 수운은 여종 둘 가운데 한 사람은 수양딸로 삼고 다른 한 사람은 며느리로 맞아들였다.

시천주 사상은 해월에 이르러 일상생활 속에서 확장된다. "하늘은 창공에 있는 것이 아니라 모든 사람의 생활 속에 있다"고 해월은 말하였다. 그는 수운의 시천주 사상을 일상적인 생활세계 영역으로 확장하고 발전시켰다. 베 짜는 며느리도 하늘님이고, 어린아이도 하늘님이다. 집에 들어오는 손님도 하늘님이며, 공중의 나는 새도 하늘님이다. 이와 같은 생태생명 공경의 맥락에서 헤월은 사람을 하늘처럼 섬기고자 하였다. 만물이 하늘임을 선언하였고, 일상생활 속에서 하늘을 이루고자 하였다. 해월은 일동일정(一動一靜)과 한 호흡지간에 하늘님이 계신다고 설파했다. 하늘님은 손가락 한 번 펴고 접는 데 계신다. 숨 한 번 들이쉬고 내쉬는 데도 하늘의 이치가 있으며, 인간은 하늘을 떠나서는 아무것도 할 수 없다고 하였다.

해월은 사람 안과 밖에 있는 하늘의 도를 사람으로 하여금 찾게 하고, 그 도를 실천하여 모든 사람이 다같이 잘 살아갈 수 있는 길을 제시한다. 그는 사람이 세 가지 잘 먹고 사는 법에 대해 설교했다. 마음을 잘 먹어야 하고, 기를 잘 먹어야 하며, 밥을 잘 먹어야 한다고 했다. 그러

참사람 됨의 인성교육

할 때 비로소 태평천국이 올 것이라 했다.

해월의 은도(隱道) 시대

해월의 별명은 최보따리였다. 등에 괴나리봇짐을 둘러메고 전국을 떠돌아다녔기 때문이다. 수운의 순도 이후 숨어서 도를 전했던 시절에 해월은 보따리 하나를 메고 산천 방방곡곡 다니지 않은 곳이 없었다. 그의 인품에 동학 세력은 다시 성장하기 시작하였다.

관청의 눈길을 피하여 한 달이 멀다 하고 자리를 옮기는데도 해월은 새로 들어간 집에 반드시 나무를 심고 멍석을 짰다. "당장 오늘 밤이라도 어느 곳으로 피해야 할지 모르는 판국에 아침에 나무를 심어서는 무엇하겠습니까?" 하고 제자들이 물으면 "나중에 이 집에 오는 사람이 과실을 먹고 이 물건을 쓴들 무슨 안 될 일이 있겠느냐?" 하였다. 옷은 다른 사람에게 보이기 위한 것이 아니라 자기 몸을 위한 것이라고 생각하며 해월은 항상 무명옷을 입었다고 한다. 동학교도가 감옥에 갇혔다는 소식을 들으면, 해월은 밤새도록 잠을 자지 않고 "나만 어찌 편안하게 자겠느냐" 하면서 이불을 덮지 않았다고 한다. 해월의 이러한 공공의 삶의 자세를 보면서 씨알민중은 감명을 받고 동학에 입도했을 것이다.

유무상자(有無相資) 운동

동학에 입교한 사람들 사이에는 남자와 여자, 양반과 상놈 그리고 주인과 종 사이에 신분차별을 두지 않았다. 동학 신도가 되면서 주인과 종이 서로 맞절을 하였다. 경상도를 중심으로 동학운동이 활발히 전개되자, 유생들은 위기의식을 느끼고 각 지역의 서원에 통문을 보내 동학 탄압운동을 본격화하였다. 그들이 돌린 '동학배척통문'을 보면 당시 조선사회가 동학을 어떻게 보았는지를 알 수 있다. "귀천이 같고 등위에 차별이 없으니, 백정과 술장사들이 모이고, 남녀를 차별하지 아니하고 유박(遍薄, 전도소)을 세우니 과부와 홀아비들이 모여들며, 재물과 돈을 좋아하여 있는 자들과 없는 자들이 서로 도우니(有無相資) 가난한 자들이 기뻐한다." 동학에 뛰어들면 굶는 사람이 없었다고 한다. 하루 늦게 동학에 들어가면 하루 늦게까지 상놈으로 있고, 하루 먼저 들어가면 하루 먼저 양반이 된다. 동학은 신분귀천이나 남녀차별이 없는 평등이념을 실천했고, 있는 사람과 없는 사람이 서로 돕는 호혜평등의 유무상통 경제공동체를 지향했음을 유생들의 평가에서 볼 수 있다.

향아설위

동학혁명이 실패한 몇 년 뒤인 1897년 4월 5일 이천 앵산동. 한밤중 호롱불 켜고 몇 안 되는 농민들을 앞에 놓은 해월은 향아설위(向我設位)를 설교했다.

동서고금을 막론하고 일반적인 제사 방식은 향벽설위(向壁設位)이다. 위패를 벽에 놓은 다음 그 앞에 제상을 차려 놓고 상주가 제사를 지낸다. 제사 음식을 받아먹는 대상이 조상신이든 유일신이든, 이러한 제사 구조 속에서는 '나'와 '너'가 철저히 분리되어 있다. 여기에서 신은 제물을 받아먹은 만큼 나에게 복을 내려 주어야 한다.

그러나 향아설위에서 위패는 나를 향해 모셔진다. 제물을 취하는 존재도 내 안에 있다. 제물을 받을 대상이 '거기' 벽 쪽이 아닌 '여기' 내 안에 내유신령으로 모셔져 있다. 나와 신, 나와 이웃, 나와 자연의 소통이 가능하려면, 나와 너, 여기와 거기, 주체와 대상이라는 이분법적 구조가 개혁되어야 한다. 향벽설위는 일종의 우상숭배이다. 거기 그렇게 대상으로 있는 신에게 제물을 바침으로써 복을 받으려는 이기적인 동기가 깔려 있기 때문이다. 향아설위에서 아(我)는 이기적 에고를 지칭하지 않는다. 내 안에 있는 신적 에고인 하늘님의 자리이고 공(公)의 자리이다.

향아설위는 일체 사물의 근원을 '나' 안에서 찾는다. 썩은 나무뿌리도, 새싹도 내 안에 있다. 희망도 절망도 모든 게 내 안에 있다. 조상의 혼령이 내 안에 살아 계시고 우주만물의 생명들 역시 내 안에 살아 있

참사람 됨의 인성교육

는 것이다.

이와 같이 향아설위는 신인합일과 천지만물이 내 몸 안에 갖추어져 있는 이치를 밝힌 것이다. 이는 생활세계 속에 내재해 있는 신성과 우주적 공공성이 내 한 몸에서 모두 갖추어져 있음을 보여 준다. 모든 변혁은 내 몸에서 시작되며 내 몸에서 끝맺는다.

향아예배

요한복음을 보면 예수께서 사마리아 여인과 대화하는 장면이 나온다 (요 4:1-42). 예수가 예언자임을 알아챈 여인이 묻는다. "유대인들은 예배장소가 예루살렘에 있다고 하고 우리 조상인 사마리아인들은 그리심산에 있다고 하는데, 도대체 어디에서 예배를 드려야 합니까?" 특정한 곳에 하나님이 계시다고 생각하고 일제히 그곳을 향하여 예배를 드리고, 특정 예배당에 하나님이 계시다고 생각하는 것도 마찬가지다. 이러한 것들은 향벽종교에 속한다. 예수께서 무어라고 답하는가? "하느님은 영이십니다. 예배드리는 사람들은 영과 진리로 드려야 합니다"(24절). 영은 바람에 비유될 수 있다. 모양은 볼 수 없으되 지나간 흔적을 남긴다. 무형이적(無形而跡)이 프뉴마의 특성이다. 영은 특정 장소나 시간에 매이지 않고 자유 자재를 상징한다. 영과 진리는 예수를 지칭한다. 예수를 내 안에 모시고 있으면, 내 몸이 곧 예배 장소이며 천국이라는 것이다. 기독교는 내 안에 계신 하느님을 향하여 향아예배를 드려야 한다.

맺음말

풍요와 빈곤은 현대자본주의 사회가 낳은 쌍생아이다. 인간성 상실, 불평등의 구조화, 물질만능주의, 생태파괴, 핵전쟁의 위협, 가치의 혼란 등 현대세계가 안고 있는 총체적 난제들은 부분적으로는 해결할 수 없다는 데 문제의 심각성이 있다.

현대사회는 과거 어느 때보다도 인간에 대한 새로운 이해와 정치·경제 질서에 대한 새로운 이해를 필요로 한다. 근대의 가치에 의해서 설정된 사익과 공익, 개인의 가치와 사회적 가치의 관계 변화가 새로운 국면을 맞이하고 있다. 개인의 이해관계가 공공의 이해관계와 밀접하게 연결되어 있고, 개인의 행복과 지구차원의 생태구조가 상호 연결되어 있다는 인식이 보편화되고 있다. 인간은 타자와 환경과의 밀접한 관계 속에서 자기 자신의 존재가치를 자각하기 시작했다.

내 안에 신적 본성이 내재하고 있음을 늘 자각하면 내면의 평화를 얻을 것이고, 자연우주의 운행질서에 순응하는 공공의 삶을 통해서 외면의 평화를 이룰 수 있을 것이다. 인간의 가치실현과 사회의 가치실현은 선후가 있을 수 없고 동시적 사건이 돼야 한다. 풍요와 빈곤이 양극화되는 세계자본주의 질서 속에서 사회적 불평등을 해소하기 위해 경쟁 대신에 협동의 경제 질서를 수립해야 할 것이다. 생태파괴에 의거한 산업주도 경제시스템을 탈피하여 자연과 더불어 생존할 수 있는 보살핌의 경제패러다임이 모색되어야 할 것이다. 인간과 인간, 인간과 자연 간의 협동과 연대의 공공성을 회복하지 않고서는 인류는 공멸의 길을 걷게 될 것이다.

지구상의 모든 인간을 한 핏줄로 보는 시각과, 한 걸음 더 나아가 천지만물을 한 핏줄로 보는 동학의 동포사상은 사회적 양극화와 생태파괴 문제를 해결할 수 있는 실마리를 제공한다. 인간의 본마음이 하늘마음이라는 자각을 바탕으로, 기연에서 불연을 보며 역사에서 초월을 보는 것, 곧 이 세계에 살고 있으나 이 세계에 매몰되지 않고 주체적으로 살수 있는 길을 동학은 제시하였다. 동학과 함께 우리는 내 몸 안에 살아 숨 쉬고 있는 신성과 우주생명의 조화로움을 발견해 내야 할 것이다.

근세에 접어들면서 한 세기가 지나도록 한반도의 씨알민중은 일본 식민지배와 분단 상황에서 시대의 아픔을 온몸으로 느끼며 살아가고 있

참사람 됨의 인성교육

다. 지구자본주의 시대를 맞이하여 민족국가의 위상은 축소되고 있다. 그것은 서구 모더니티에 의거하고 있는 철학사상, 생활패턴, 인간관과 역사관, 세계관의 축소를 뜻한다.

새 술은 새 부대에 담아야 한다는 것이 예수의 지론이다(막 5:37-38). 해월은 묵은 밥을 새 밥에 섞지 말라고 했다. 이러한 종말적 신국사상이나 후천개벽사상은 묵은 시대는 지나가고 놀라움과 산고(産苦) 중에 새 시대가 동터오고 있다는 희망의 소식을 담고 있다. 예수가 고대했던 하느님나라의 도래나 동학이 꿈꾸었던 후천개벽의 세계는 씨알 민중도 인간으로서의 존엄성과 주체성을 가지고 사람답게 살고, 타자와의 협동과 연대 가운데 공공의 가치실현을 통해서 사람다운 삶을 살수 있는 보편성을 띤 휴머니즘 공동체를 지향한다.

7장

'행복'을 위한 교육
— 인성교육의 최종 목적

우리 사회에서 공식적인 영역, 즉 국가나 학교, 각 사회단체 등은 그 규모나
외연 면에서 엄청나게 비대해졌지만, 그것들이 실제로 의존할 수밖에 없는
사람과 사람 사이의 실질적 관계, 오랜 세월 인간이 함께 살아가면서 일구어 온
보이지 않는 하나의 전체로서 사회는 파괴되었다. 친구와 이웃이 사라진 세계에서
국가는 마치 무소부재의 신처럼 우리 삶의 전 영역에 속속들이 침투하여 지시하고
명령하고 감시한다. 친구와 이웃이 없는 세상에서 인간은 행복할 수 있을까?
공동체가 사라진 세상에서 우리는 정말 살아 있다고 느끼면서 살 수 있을까?
친구와 이웃이 제공하는 보호망을 국가가 제공할 수 있을까?

▪ 박경미

이화여자대학교 기독교학과를 졸업하고 같은 학교 대학원에서 성서 신학으로
박사 학위를 받았다. 현재 이화여자대학교 기독교학과 교수이다. 지은 책으로는
《마몬의 시대, 생명의 논리》(녹색평론사), 《행복하여라! 하느님 나라의 사람들》(한울),
《예수 없이 예수와 함께》(이화여자대학교출판문화원), 《신약 성서, 새로운 삶의 희망을
전하다》(사계절)가 있고, 옮긴 책으로는 《갈릴리》(리처드 호슬리 지음, 이화여자대학교
출판문화원), 《서기관들의 반란》(리처드 호슬리 지음, 한국기독교연구소), 《말씀을 믿다》
(프랜시스 멀로니 지음, 대한기독교서회) 등이 있다.

기성세대는 흔히 젊은이들을 가리켜 "요즘 젊은 것들은 버릇이 없다"고 말한다. 수천 년 전 이집트 고문서에도 똑같은 말이 나왔다고 하니 세대차라는 것은 자연법칙 같은 것인지도 모른다. 요즘 젊은이들에게서 느끼는 것은 버릇없음보다는 일종의 두려움인데, 온순하고 앳된 미소 뒤에 인생에 진입하기도 전에 이미 겁먹고 지친 표정이 읽히고, 백팩을 맨 채 이어폰을 끼고 혼자 걷는 어깨 위에는 홀로 인생과 싸워 나가야 하는 사람의 피로감이 느껴진다.

아마도 이들의 주관적·객관적 삶의 조건을 아우르는 말은 '희망 없음'일 것이다. 왜 이들은 희망 없는 세대가 되었을까? 오로지 삶의 가치를 물질적 욕망의 추구와 사회적 성공에만 두도록 교육이 이루어졌는데, 실제로 그것은 이루어질 수 없는 꿈이라는 현실을 자각할 수밖에 없기 때문 아니겠는가? 세속적 의미의 성공이라는 가치 말고 진정한 삶에 대해서 생각해 보지 못했기 때문에 절망에 빠지는 것 아니겠는가? 원자화된 개인이 각자도생하는 사회에서 개인적 성공과 부의 축적만을 목표로 여기고 개인경쟁력을 높이도록 교육받았는데, 이제 그 목적 자체가 애당초 달성 불가능한 상황에서 삶의 방향을 잃고 희망을 찾기 어려워졌기 때문일 것이다.

실은 기성세대가 이런 사회를 만들었고, 교육 역시 사회의 전반적 분위기에 부응해서 이루어졌다. 아이들과 젊은이들의 문제라기보다는 이러한 현실을 가져온 어른들의 문제인 것이다. 결국 가치의 문제이고, 이 문제는 누구도 비껴갈 수 없다. 교육이 잘못되는 것은 사회가 잘못되었기 때문이다. 희망 없는 세대를 양산한 교육의 근저에 가치관이 왜곡된 사회가 자리하고 있는 것이다. 그러므로 산업화된 사회에서 전문성과 경쟁력을 갖춘 개인을 양성하여 기업경쟁력, 국가경쟁력을 강화하겠다는 교육의 암묵적인 목표 자체부터 재고되어야 한다. 젊은이에게 희망을 줄 수 없는 세상을 만들어 온 교육의 목표와 방법을 반성하고, 학교와 지식이 지향하고 복무해야 할 너른 벌판에서 더불어 사는 삶의 가치와 아름다움을 펼쳐 보여야 한다. 경쟁력강화를 외치는 학교에서 학생들은 위축되고 왜소해진다. 반면 물질과 세속적 성공을 앞세우지 않고 삶의 진정한 가치와 참된 기쁨을 깨닫게 하는 교육을 통해 학생들은 내적으로 성장하고 강인해진다. 삶의 진정한 가치와 의미를 발견할 때 희망이 생기고 '3포', '4포'도 사라진다. 어떤 의미에서 3포, 4포의 극복은 부차적인 문제이고, 삶의 가치를 다시 세워서 자율적이고 자립적이고 떳떳한 인간으로 젊은이들이 굳건하게 살아갈 수 있는 정신을 불어넣어 주어야 한다. 그들에게 희망을 줄 수 있어야 하며, 현재 우리가 서 있는 상황을 직시하고 진정한 삶의 가능성을 생각하도록 도와줘야 한다.

그러나 국가가 시행하고자 하는 인성교육은 학생들 개개인의 고유한 사고와 감정, 삶의 기술을 어떻게 육성시킬지 고민하기보다는 "올바른 인성을 갖춘 국민을 육성하여 국가사회의 발전"을 도모한다는 목적을 내세운다. 인성교육에서조차도 주체적이고 공동체적인 존재로서 학생들 개개인의 내면성을 함양하기보다는 국가·사회 발전이라는 목표를 내세워 보다 순응적이고 체제유지적인 인간을 만들어 내고자 한다. 역사교과서 국정화 강행에서 드러나듯이 인성교육 역시 국가 주도의 이념을 일방적으로 주입하기 위한 도구가 될 가능성이 있다. 그 경우 이미 무거운 짐을 지고 있는 학생들 어깨 위에 인성교육이라는 짐을 하나 더 얹어 놓는 꼴이 될 것이다.

인성교육이란 한 인간으로서 삶을 헤쳐 나가고 자족할 줄 아는 견고한 내면성을 함양하고 공동체의 일원으로 더불어 살 수 있는 인권감수성 교육이 되어야 할 것이다. 그러한 인성교육은 획일적인 국가주도 교육과 같이 가기 어렵다. 인성교육을 위한 일차적 전제는 국가 주도

참사람 됨의 인성교육

에서 벗어나는 것이다. 국가가 할 일은 학력차별을 금지시키고, 학력에 따른 임금격차를 최소화하며, 취업에 학력제한을 가급적 없애는 것이다. 자사고나 특목고 등 학교서열화를 부추기는 시스템을 없애고 교육의 공공성을 강화하는 것이다. 시미즈 미츠루는《삶을 위한 학교》에서 학교란 국가발전을 위한 산업역군을 찍어내는 곳이 아니라 한 인간이 성숙하고 행복하게 살아갈 나름의 길을 찾아보고 익혀 가는 곳이라고 했다. 학교는 지식주입 교육에서 배우는 학습으로 무게중심을 옮기고 이 둘 사이의 간극을 메워 삶의 기술을 익히는 주체적인 인간의 공동체가 되도록 해야 한다. 삶의 기술을 익히는 교육, 아마도 그것이 인성교육의 실제 내용이 되어야 하며, 그러기 위해서는 무엇보다도 교육의 주도권을 국가가 아닌 학생들과 학부모, 교사 그리고 지역사회로 옮겨 와야 할 것이다.

이러한 변화의 방향은 현재 교육부를 비롯한 관 주도 교육의 방향과는 정반대이다. 인성교육의 시행은 어린 중고등학생들을 괴물 취급하고, 그들을 계도하겠다는 발상으로는 시작부터 단추를 잘못 끼는 것이다. 만일 인간 본성이라는 것이 있다면 그것은 쉽게 타락하거나 변하는 것이 아닐 것이다. 그렇게 쉽게 변하고 타락한다면 인간 본성이라고 할 수 없기 때문이다. 다만 인간의 선한 품성, 하느님이 주신 형상이 왜곡된 사회적 환경과 교육 목표로 일그러지고 짓밟히고 있을 뿐이다. 그리고 이러한 사회적 현상 근저에는 보이지 않는 인간과 인간 사이의 그물망, 서로가 서로에게 의존해서 살고 있다는 공동체적 자각이 사라진 현실이 자리하고 있다.

산업문명과 공동체의 파괴

우리나라 학생들은 하루 종일 학교와 학원을 뱅뱅 돌며 자신의 삶에 필요하지도 않을 지식과 사라질 직업을 위해 시간을 허비하고 있다. 중

고등학교 및 대학 교육은 밥벌이 기술도, 삶을 헤쳐 나갈 내면의 기술도 전해 주지 못하면서 죽도록 경쟁하게 만들어 아름다운 시절을 좀비처럼 살게 만들고 있다. 대부분의 학생들을 저임금 노동자, 실업자로 세상에 내보낼 것이면서도 그 빛나는 시절을 끔찍한 경쟁 속에서 보내게 하는 것이 현재의 교육시스템이다.

경쟁적인 교육시스템이 유능하고 경쟁력 있는 개인들을 만들어 낸다고 생각한다면 착각이다. 오히려 개인들은 원자화되고 고립되어 내면적으로나 사회적으로나 무력해진다. 우리 사회에서 공식적인 영역, 즉 국가나 학교, 각 사회단체 등은 그 규모나 외연 면에서 엄청나게 비대해졌지만, 그것들이 실제로 의존할 수밖에 없는 사람과 사람 사이의 실질적 관계, 오랜 세월 인간이 함께 살아가면서 일구어 온 보이지 않는 하나의 전체로서 사회는 파괴되었다. 친구와 이웃이 사라진 세계에서 국가는 마치 무소부재의 신처럼 우리 삶의 전 영역에 속속들이 침투하여 지시하고 명령하고 감시한다. 친구와 이웃이 없는 세상에서 인간은 행복할 수 있을까? 공동체가 사라진 세상에서 우리는 정말 살아 있다고 느끼면서 살 수 있을까? 친구와 이웃이 제공하는 보호망을 국가가 제공할 수 있을까? 제도나 기술은 인간 삶에서 필요한 것이지만, 어느 한계를 넘어서면 반드시 공동체를 파괴하고 인간을 억압한다. 오늘날 제도와 기술에 대한 맹신은 도를 넘었고, 인간과 인간 사이의 관계가 아니라 공적 시스템에 모든 것을 의존하는 원자화된 개인들 틈을 파고들어 전체주의가 기승을 부린다. 원자화된 개인주의와 전체주의는 동전의 양면과도 같다. 이런 세계에서는 각자의 선이 합력하여 우리 모두의 지옥을 만든다. 이런 사회는 아무리 그 외양이 화려하고 거대해도 시련이 닥칠 때 모래 위에 지은 집처럼 무너진다. 함석헌은 해방 후 급격하게 공동체적 의식이 쇠퇴하고 자본주의 산업문명이 무섭게 확대되어 가는 것을 보면서 교육의 위기에 대해 이렇게 말했다.

참사람 됨의 인성교육

오늘 우리 교육이 잘못되는 것은 우리 산업이 옳지 못하기 때문이다. (중략) 남이란 곧 눈에 뵈는 그 사람이 아니라 뵈지 않는 전체의 구체적 표현이다. 그러므로 동족적으로 운명을 같이한다는 생각이 있을 때 사회의 기풍은 어느 정도 건전을 유지해갈 수 있었다. 전체의 분위기가 그러했으므로 제한된 자유 안에 있으면서도 교사에 의한 교육도, 일반 지식인에 의한 사회교육도 비교적 효과를 내면서 돼갈 수 있었다. 그런데 해방 후는 그 대적이 없어졌다는 데서 오는 잘못된 풀어진 마음과 절박한 생활 문제로 일어나는 경쟁심, 이기심, 거기다가 노골적인 권력주의 정치 바람이 곁들어 사람들의 직업 심리가 극도로 타락하게 되었다. (중략) 직업 선택의 방법은 자유로 하더라도 그 직업의 의미는 전체에 의해서 주어져야 할 것이다.[1]

1_ 함석헌, '교육에 있어서 반성돼야 하는 몇 가지 문제', 《서풍의 노래》, 함석헌전집 5권, 한길사, 1983, 179면.

여기서 함석헌이 말하는 "전체"는 전체주의적 의미에서의 "전체"가 아니라 공동체적인 의미로 이해해야 할 것이다. 그는 자본주의 문명이 본질적으로 내장하고 있는 경쟁주의적 인간관과 소유중심적 세계관을 문제로 지적했다.

지금 문명을 산업문명이라 나라를 산업국가라 하는 때의 산업주의는 뭔가? 모든 것을 온통 차지하겠다는 사상이다. 그리고 그것이 같은 양심을 가지는 정치와 결탁하여 기업국가가 될 때 그 폐해는 말할 수 없이 크다. 거기 항거하고 자기의 성역을 지켜서만 사명을 다할 수 있는 교육이 그렇지 못하고 그 종으로 떨어졌으니 거기 밝은 내일이 어떻게 있겠는가?[2]

2_ 위의 책, 180면.

과학이 발달하면서 자연계의 현상 뒤에 숨어 있는 법칙이 밝혀지고 그 결과 얻은 것이 많았지만, 지나친 자신으로 모든 종교적이고 정신적인 것을 미신 취급하고 인간 살림이 점점 물질적인 면으로만 치달은 것 역시 함석헌은 문제로 지적하고 있다. 그리고 오늘날 물질주의로 인한 인류의 위기는 새로운 종교적 체험 없이는 극복할 수 없다고 했다. 종교는 마땅히 교육적이어야 하고, 교육은 반드시 종교에까지 이르러야 한다[3]. 또한 "교육은 지식이나 기술의 전달만이 아니라 심정으로 하는 인격의 변화기 때문에 감격 없이는 될 수 없는데, 그 감격의 원천도 어디 있느냐 하면 종교에 있다. 해방 후 우리 교육이 실패한 것은 이러한 참 종교적인 이념, 권위, 감격이 없기 때문"[4]이라고도 했다. 여기서 함석헌이 말하는 "종교"는 편협한 교권주의적, 교리적 종교가 아니라 오랜 세월 각 민족이 자신이 속한 시공간 속에서 삶의 중심과 가치관을 세워가는 과정에서 쌓아온 지혜로운 전통 전반을 가리킬 것이다. 그가 염두에 둔 교육은 자아의 변화에서 시작해서 민족의 개조, 문명의 구원에 이르는 교육이었고, 그것은 그러한 지혜로운 전통을 각자 자신의 삶에서 체화함으로써 가능한 것이었다.

수십 년 전 함석헌이 했던 이러한 발언은 우리 시대에 더 절박하게 들린다. 오늘 우리가 인성교육, 진정한 행복이 무엇인가 이야기할 때에도 이러한 인식이 출발점이 되어야 할 것이다. 즉 우리 시대에 친구와 이웃이 사라진 근원적 원인을 산업사회의 지배적인 정신과 관련해서 발견하고 공동체적 관계를 회복하여 진정한 행복에 이르는 일이 어떻게 가능하고 어디서부터 시작해야 할지 생각하는 것이다. 그 과정에서 성서를 비롯해서 인간이 쌓아 온 지혜로운 전통은 중요한 길잡이가 되어 줄 것이다.

경제성장 이데올로기와 참된 행복

지금 우리가 사는 산업사회는 극단적 경쟁주의가 지배하고 있으며, 이러한 사회에서는 교육 역시 경쟁력 있는 인간을 양성하는 것을 궁극

3_ 함석헌, '청년 교사에게 말한다', 《서풍의 노래》, 함석헌전집 5권, 185~200면.

4_ 함석헌, 교육에 있어서 반성돼야 하는 몇 가지 문제', 176면.

참사람 됨의 인성교육

적인 목표로 삼는다. 자본주의는 상품과 서비스를 생산해 줄 기술자를 필요로 할 뿐 살아 있는 인격을 필요로 하지 않는다. 그래서 학생을 인격을 가진 인간이 아니라 기계처럼 대하는 것이다. 산업주의 사회에서 학교는 거대한 공장이고, 학생은 원자재이며, 교사나 교수는 기술직공이다. 학교공장에서는 학생이라는 원자재를 기계에 넣고, 직공인 교사가 지식전수라는 작업공정을 거쳐 취업예비생이라는 제품을 생산해 낸다. 생산품의 품질에는 일정한 규격이 있어서 거기 맞으면 취업시장에서 상품으로 팔리고 그렇지 않으면 폐기처분된다. 상품을 만드는 공장주에게나, 사 가는 장사꾼에게나 채산성과 상품성이 문제이지 개체의 느낌이나 생각, 운명 같은 것은 안중에도 없다. 그래서 오늘날 학교에는 스승도 없고 제자도 없는 것이다. 고용인으로서 지식소매인이 있을 뿐이고, 생산제품으로서 수험생, 취업예비생이 있을 뿐이다. 공장으로 바뀌었으니 사람이 없고, 사람이 없으니 사귐도 없다. 선생과 선생 사이에도, 선생과 학생 사이에도 사귐이 없다. 학교를 가는 것은 인간을 만나기 위해서지만 학교에 가면 인간성을 잃는다. 산업자본주의 사회에서 학교는 공장으로 변해 버렸고, 그 속에서 인간은 사라져 버렸다. 첨단시설을 갖춘 학교공장만 남고 스승과 제자는 사라져 버렸다. 공동체가 사라진 것이다.

극단적인 경쟁주의 사회에서는 소수의 영웅들만 살아남는다. "할 수 있다", "원하는 대로 될 수 있다"고 상투적 구호를 외쳐도 경쟁의 사다리에 끝까지 오를 수 있는 사람은 소수이다. 리더십 교육을 받는다 해서 리더가 될 수 있는 것도 아니다. 오늘날처럼 고도로 발달된 자본주의 사회에서 똑똑한 놈 하나가 수천, 수만 명을, 아니 잘나가는 기업 하나가 온 나라를 먹여 살린다고 한다. 나머지는 얻어먹는 종 신세로 만족해야 한다. 종은 자기 삶의 주인이 아니다. 그러니 좋고 싫음, 옳고 그름 같은 것을 생각해서는 안 되고, 도덕이나 가치를 운위하는 것도 종의 몫이 아니다. 시키는 대로 일이나 하고 눈앞에 먹을 것만 있으면

된다. 종이 된다는 것은 인격을 박탈당한다는 것이고, 종살이는 사람을 물질의 노예로 만든다.

이렇게 해서 만들어지는 세계는 약육강식과 적자생존이 지배하는 야수의 세계다. 이것이 이른바 '창조적이고 독창적인 소수'가 지배하는 사회다. 창조적 소수만을 찬양하고, 개인의 영웅적 야망을 문화적 이상으로 삼는 사회는 수많은 보통 사람들을 못난이로 만들며, 불행하게 만든다. 참된 교육은 빼앗긴 '나'를 다시 찾게 만드는 교육이고, 내가 다시 나의 주인이 되게 만드는 교육이다. 진정한 의미에서 창조성과 독창성은 바로 이 '나'의 '나됨', '나'의 주체성과 자유로부터 나올 것이다. 나의 주체성이 빠진 창조성은 찍이 낸 창조성이고, 나의 혼이 담기지 않은 독창성은 유행하는 독창성일 뿐이다. 물질과 돈의 노예가 되어 정신과 주체를 잃은 상태에서는 창조성이 나올 수 없고, 결과적으로 경쟁력을 가질 수도 없다. 진정한 의미에서 창조성과 경쟁력은 굴하지 않는 자유로운 인간 정신에서 나오고, 거기서 문화적 품위가 생겨난다. 지금 우리는 창조적 소수만을 앞세우는 세계의 파국을 눈앞에 보고 있다. 눈부시게 발전한 기술사회에서 대부분의 인간이 필요 없는 존재가 되어 버렸다는 사실이야말로 그러한 파국의 실상이라고 할 수 있다. 지금은 수백 년간 지속되어 온 자본주의 시스템 자체의 거대한 변화의 시기이며, 임금노동을 통한 소득과 이에 대한 과세제도에 근거해서 운영되는 사회경제 시스템 자체가 근본적인 변화를 겪고 있다. 교육은 이러한 변화 앞에서 삶의 가치를 옹호하는 교육의 근본정신으로 돌아가 사람들에게 희망을 줄 수 있어야 한다.

그렇다면 산업사회의 경쟁주의적 인간관에 길들여진 우리가 벗어나야 할 이 시대의 미신은 무엇일까? 정치학자 더글러스 러미스[5]는《경제성장이 안되면 우리는 풍요롭지 못할 것인가》에서 근대세계를 지배하는 정신을 "타이타닉 현실주의"라고 명명했다. 이때 그가 말하는 "타이타닉 현실주의"란 맹목적인 경제성장주의에 매몰돼서 파국으로 치달

5_ 1936~. 미국 출신의 평화운동가, 정치사상가. 미 해병대에 입대하여 일본 오키나와에서 복무한 적이 있다. 버클리에서 박사학위를 받은 후 일본으로 돌아와 귀화한 그는 현재 오키나와에 거주하면서 집필과 강연, 평화운동에 참여하고 있다.

참사람 됨의 인성교육

는 근대세계에 대한 비유이다. 그는 거대한 빙산을 향해 무서운 속도로 다가가고 있는 배로 오늘날 세계를 비유했다. 배가 빙산에 부딪힐 것이라는 경고는 귀에 못이 박이도록 들었지만 너무 익숙해진 사람들은 실감을 못한다. 눈에 보이는 것은 배 안의 현실뿐이다. 결국은 침몰할 배 안에서 사람들은 분주하게 일하고, 열심히 먹고 마시고 즐긴다. 배 안의 모든 사람들은 각자 일상사를 가지고 있고, 그 일을 합리적이고 효율적으로 해나가는 것을 현실주의라고 한다.

이와 함께 러미스는 또 다른 배의 비유를 드는데 그것은 허먼 멜빌[6]의 소설, 《모비 딕》에 나오는 '피쿼드호'이다. 선장인 에이하브는 일찍이 자기에게 상처를 입힌 흰 고래를 찾아 온 세계를 헤맨다. 이 선장은 자신이 미쳤다는 것을 잘 알고 있고, 일등항해사에게 이렇게 말한다. "내가 사용하고 있는 방법은 정상적이고 합리적이며 논리적이다. 목적만이 광적인 것이다." 에이하브 선장의 이 말은 우리가 살고 있는 시대의 본질을 무섭도록 정확하게 보여준다. 그것은 다름 아닌 타이타닉 현실주의이다. "정치가나 경제학자, 비즈니스맨이나 은행가, 경제발전을 추진하려고 하는 온갖 전문가들이 사용하고 있는 방법, 일하는 방식은 그 시스템 속에서는 매우 정상적이며 논리적이고, 현실적이다. 하지만 타이타닉호와 같이, 그리고 에이하브의 배와 마찬가지로 그 목적은 광적인 것이다"[7]

우리는 현대세계가 처한 위험에 대해 들어왔다. 경제적 세계화와 그로 인한 전 세계적 양극화, 지구온난화와 기후변화, 테러와 폭력의 악순환. 이러한 것들은 우리를 파멸로 몰아넣을 수 있다. 그런데 이러한 현상 배후에는 GNP, 경제성장에 대한 신화가 깔려 있다. 경제성장이라는 목적을 위해서는 전쟁이나 환경파괴, 온갖 폭력과 비인간적인 행위가 정당화된다. 전쟁도, 자연파괴도 바람직한 것은 아니지만 경제를 위해서는 어쩔 수 없다고 생각한다. 사람들은 개인적인 차원에서라면 도저히 용납하기 어려운 엽기적이고 폭력적인 일들을 경제성장을 위해서

6_ 1819~1891. 19세기 미국의 작가. 부유한 집안 출신이었으나 아버지의 사업이 파산하면서 15세 때 학업을 중단하고 온갖 직업을 전전하였다. 이 시기 선원으로 일한 경험이 《모비 딕》 집필에 중요한 바탕이 된다. 《모비 딕》은 인간 내면을 탁월하게 드러내는 동시에 근대 문명의 파괴성·맹목성을 비판한다.

7_ 더글러스 러미스, 《경제성장이 안되면 우리는 풍요롭지 못할 것인가》, 녹색평론사, 18면.

라면 용납한다. 행복에 대한 우리의 생각도 경제적인 풍요와 관련되어 있다. 물질적 풍요가 행복을 보장해준다고, 적어도 행복의 조건이라고 생각한다. 그리고 이를 위해 우리는 다른 모든 것을 용납한다. 경제가 우리 삶의 전 영역을 지배하는 것을 그대로 받아들인다.

그러나 당장 우리 개인의 삶을 놓고 보더라도 조금만 깊이 생각해 보면 기막힌 모순이 도처에 깔려 있다. 행복한 삶을 위해서는 물질적으로 안정되어야 하고, 물질적으로 안정된 삶을 누리기 위해서는 취직을 해서 돈을 벌어야 하고, 취직을 잘하기 위해서는 좋은 대학을 나와야 한다고 생각하지만 힘든 경쟁을 뚫고 어렵게 대학에 들어가도 취업의 문은 높기만 하다. 현새 긱 대학이 내놓는 취업률이라는 것을 액면 그대로 믿는다 하더라도 거의 비정규직이고, 상급학교 진학자와 정규직 비정규직을 통틀어서 50%가 겨우 넘는다. 앞으로 이 상황은 더 나빠질 뿐 좋아지지 않을 것이다. 취업을 한다 해도 평생직장은 사라진 지 오래다. 퇴직을 하고 나면 인류 역사상 가장 긴, 무방비 상태의 노년이 기다리고 있다.

우리 시대의 심리를 표현하는 정확한 말은 '두려움'이다. 미래에 대한 근원적 두려움이다. 개인적 차원에서든 세계적 차원에서든, 분명하게 의식을 하든 못하든 우리 앞에 호랑이가 기다리고 있고, 거대한 빙산이 놓여 있다는 그 사실 때문에 두려운 것이다. 그러나 두려워 떨면서도 어쩔 수 없다는 생각도 확고하다. 의자를 하나씩 빼면서 낙오자를 만들어 가는 시스템을 모두 견디기 힘들어하지만, 나만은 예외겠지 하는 요행심으로 이 기만적인 시스템에 가담한다. 이런 요행심은 이 시스템이 유지되게 하는 심리학적 동력이다. 두려워만 할 뿐, 어떤 방식으로든 바뀌어야 한다는 생각은 하지 못한다. 다들 '어쩔 수 없다'고 생각하는 것이다. 그렇다면 아무리 잘못된 것이라도 어쩔 수 없다는 신화, 경제성장을 수학적 공리처럼 받아들이는 태도를 문제 삼아야 할 것이다. 지금 우리에게 희망을 주는 것은 기술이나 정보가 아니라, 어쩔 수

참사람 됨의 인성교육

없다는 신화를 무너뜨리고 삶의 의미와 방향을 세워 줄 상상력일 것이다. 타이타닉 현실주의가 아니라 진정한 현실주의에 입각해서 우리 삶을 생각해 보는 것이다. 행복에 대한 우리의 생각도 거기에 따라 바뀔 것이다. 러미스는 경제성장 신화가 타이타닉 현실주의의 핵심에 있다고 한다. 경제성장이 없으면 안 된다는 착각에서 자유로워질 때 행복으로 가는 길은 열릴 것이다.

더글러스 러미스와 쓰지 신이치[8]의 대담집《에콜로지와 평화의 교차점》에서 스지 신이치는 미국의 정치인 로버트 케네디[9]의 말을 길게 인용하고 있다. 케네디는 40년 전 당시 차기 대통령으로 유력시되었을 때 이런 말을 했다. 그때나 지금이나 강력하게 통용되는 GNP 신화를 그는 이렇게 비판했다. "미국은 세계 제일의 GNP를 자랑하고 있다. 하지만 그 GNP 중에는 담배나 술이나 약, 이혼이나 교통사고나 범죄나 환경오염이나 환경파괴에 관련된 일체가 포함되어 있다. 전쟁에서 사용되는 네이팜탄도 핵탄두도 경찰의 장갑차도, 소총도, 나이프도, 아이들에게 장난감을 팔기 위해 폭력을 예찬하는 텔레비전 방송도." 이렇게 말한 뒤 케네디는 GNP에 반영되지 않은 것의 예를 나열한다. "아이들의 건강, 교육의 질, 놀이의 즐거움은 GNP에 포함되지 않는다. 시의 아름다움도, 시민의 지혜도, 용기도, 성실함도, 자비로움도." 그는 이렇게 끝맺는다. "요컨대 이런 말이다. 국가의 부를 측정한다는 GNP에는 우리 삶에서 진정한 가치가 모두 빠져 있다"[10].

이것은 오늘날 많은 양심적인 지식인들이 하는 말이고, 그 자체로서 놀랄 것이 없는 말이다. 그러나 되레 놀랍게 생각되는 것은 케네디가 미국 사회의 주류 정치인으로서 그렇게 말했다는 점이다. 어쩌면 그가 암살당한 것도 이런 생각을 했다는 사실과 관련이 있지 않았을까 짐작해 본다. 근대 자본주의 국가의 경제성장은 무엇보다도 GNP 수치의 증가를 통해 눈으로 확인되며, 경제성장에 기반한 소득의 증가에 의해 조세제도가 유지되고, 이를 통한 막대한 세금수입이 근대국가를 떠

8_ 1952~. '슬로 라이프'를 제창한 일본의 환경운동가, 문화인류학자. 메이지가쿠인 대학 국제학부 교수. 선친이 한국인이어서 이규라는 한국 이름이 있으며, 한국에서 강연을 자주 했다. '슬로'라는 개념을 중심으로 문화현상을 분석하고 환경운동을 펼치고 있다.

9_ 1925~1968. 미국 대통령이었던 존 F. 케네디의 동생으로 법무부 장관, 대통령 고문을 지냈다. 연방상원의원(1965~1968)으로 대통령 후보 지명을 위한 선거 유세 중 암살당했다. 법무부 장관 재직 시 인권보호에 앞장섰고 미국 역사상 가장 영향력 있는 민권법을 만드는 데 앞장섰다고 평가된다.

10_ 《에콜로지와 평화의 교차점》, 녹색평론사, 182면.

받치는 주요 기둥 중의 하나이다. 요컨대 강력한 근대국가란 조세제도에 기반해 있고, 조세란 국민의 소득에 의한 것이고, 소득은 경제성장을 통해서 이루어진다. 따라서 국가의 부를 측정하는 기준으로서 GNP에 의문을 제기했을 때 그것은 경제성장이라는 근대국가의 근간을 흔드는 것이었다.

진정한 의미의 풍요로움이 넘치는 사회는 경쟁보다 공생이 더 즐거운 일이며, 물질적 풍요보다는 삶을 누리고 즐길 줄 아는 능력이 높이 평가될 것이다. 미학적 관점도 지금과는 다를 것이다. 콘크리트로 덧입혀 놓은 인공적인 직선의 강보다 구불구불 유유히 흐르면서 모래사장을 만들어내는 곡선의 강이 더 아름답다고 생각할 것이다. 그리고 상품과 서비스를 소비하는 것보다 생기발랄함, 인생살이 자체에 재미를 붙이는 것이 훨씬 중요하다고 여길 것이다. 요컨대 오늘날 자본주의 사회의 상품화에 의해 '살처분'당한 만물의 '살아 있음'을 회복하게 될 것이다.

우정과 행복

경제성장 이데올로기에 이의를 제기한다고 해서 금욕주의나 음울한 도덕주의를 강요하자는 것이 아니다. 행복은 행복에 관한 올바른 관념을 강요하여 얻는 것이 아니라, 들에 핀 백합처럼, 공중을 나는 참새처럼 스스로 기쁨에 겨워서, 저절로 넘쳐나는 것이다. 창세기에서 천지만물을 창조한 하느님은 매번 한 가지 창조가 끝날 때마다 "좋구나!"라고 말씀하신다. 성서적 창조신앙의 핵심에 있는 것은 존재 자체의 좋음에 대한 근원적인 긍정이다. 하느님이 만물을 창조하셨으니 이 아니 좋은가! 시커먼 구름 사이로 열린 하늘을 보듯이, 창조신앙은 생명의 근원적인 명랑함에 참여하는 신앙이다. 그리고 생에 대한 이러한 근원적인 긍정이 행복의 근원이며, 모든 윤리의 출발점이다. 예수는 사람들의 어깨에 금지와 의무의 짐을 또 하나 지우려고 한 것이 아니라, 어떻게 사는 것이 행복한 삶인지 몸소 보여 주고 가르쳐 주었다. 마태복음의 유명한 선언(《성경》, 한국천주교중앙협의회)은 이렇게 이어진다.

> 행복하여라, 마음이 가난한 사람들! 하늘 나라가 그들의 것이다
> 행복하여라, 슬퍼하는 사람들! 그들은 위로를 받을 것이다 행복
> 하여라, 온유한 사람들! 그들은 땅을 차지할 것이다 행복하여
> 라, 의로움에 주리고 목마른 사람들! 그들은 흡족해질 것이다
> 행복하여라, 자비로운 사람들! 그들은 자비를 입을 것이다 행복
> 하여라, 마음이 깨끗한 사람들! 그들은 하느님의 자녀라 불릴 것
> 이다 행복하여라, 의로움 때문에 박해를 받는 사람들! 하늘 나
> 라가 그들의 것이다

이 말은 지금 가난한 사람들이 부자가 되고, 슬퍼하는 사람들이 슬퍼하지 않게 되고, 박해받는 사람들이 박해받지 않게 되리라는 약속이 아니다. 나를 비참하게 만들고 박해하는 사람들을 벌주고 복수하리라 약속하는 것은 더더욱 아니다. 인생이 가난하고 슬프고 까닭 없이 미움받고 박해받는 것은 내 머리 위에 하늘이 있고 발밑에 땅이 있듯이, 해가 지고 달이 기울듯이 그냥 그런 것이라고 전제하고 있다. 도대체 말이 안 되는 것들로 삶이 가득 차 있고, 정의로운 복수 같은 것은 기대도 할 수 없지만, 그래도 하느님이 허락하신 인생은 살 만한 것이며 그저 감사로 받을 뿐이라고, 부당한 폭력과 알 수 없는 고통 가운데서도 행복은 조용한 분별의 시냇물처럼 흐르고 있다고 말하고 있다. 이 인생의 비밀을 안 사람은 질그릇 속에 보화를 간직한 사람이고, 이 행복의 시냇물 소리를 들을 수 있는 사람은 삶 속에 감사와 기쁨이 넘친다. 그래서 바울은 감옥에서도 늘 기뻐하고 감사할 수 있었다(빌 4:6). 그런 사람은 다른 사람을 향해 "사랑하고 그리워하는 형제요, 나의 기쁨이며 화관"(빌 4:1)이라고 말할 수 있다. 타인이 이웃이 되고 친구가 되는 기적이 일어

나는 것이다. 그리고 이때는 그 모든 금지와 의무가 사라지고, 대신 사랑의 윤리가 활동하기 시작한다.

이것을 비종교적인 언어로 어떻게 근접하게 말할 수 있을까? 행복은 무엇보다도 삶에 대한 미학적 향유에서 우러나오는 것이며, 인간관계의 문제라고 할 수 있을 것이다. 그러므로 한 사회가 이상적인 삶, 보다 나은 삶에 대해 어떠한 감각을 가지고, 어떠한 그림을 그리는가 하는 것은 그 구성원들이 행복한 삶을 영위하는 데 결정적으로 중요하다. 스지신이치는 행복을 중시하는 새로운 사회로 가는 길을 "대항발전, 줄이는 발전"이라고 했다. 에너지소비를 줄이고, 경제활동에 사용하는 시간을 줄이고, 가격이 붙은 것을 줄인다는 의미이다. 그 대신 경제 이외의 가치, 경제활동 이외의 인간활동, 시장과 쇼핑 이외의 모든 즐거움을 늘리고 발전시킨다는 의미이다. 요컨대 중요한 것은 경제성장이 아니라 인간관계이다. 행복은 물질이 아니라 사람과 사람 사이에서 생겨난다.

이 점에서 우리 사회의 문제는 진보이건 보수이건 이상적인 삶, 보다 나은 삶에 대한 상상력이 늘 '물질적 풍요'에서 멈춘다는 데 있다. 민주주의보다 경제성장이 늘 우선이다. 복지사회에 대한 우리 사회의 밑그림 역시 보편적 복지냐 선별적 복지냐, 복지 재원을 어떻게 마련하느냐는 논의를 넘어서 보다 근원적으로 행복에 대한 우리 사회의 암묵적 이해를 한 단계 높이는 데까지 진전되어야 한다. 정치적 언어로 말하자면 결국 민주주의의 문제를 함축할 수밖에 없을 것이다. 상당한 수준의 복지제도를 유지하려면 지속적인 경제성장이 이루어져야 하지만 오늘날 지속적인 경제성장은 가능하지도 않으며, 경제성장이야말로 지금 현재의 삶에 끝없는 희생을 강요한다는 사실을 깨달아 가고 있다. 시스템을 통해 삶의 구석구석까지 해결하려는 사회보다는 개인의 자발성이 최대한 발휘될 수 있는 사회가 행복할 것이다. 그것은 더도 덜도 말고 자기가 가진 보리떡 다섯 덩어리와 물고기 두 마리를 기꺼이 나누면서 행복할 수 있는 사회이다.

쓰지 신이치의 말대로 가난은 물질적 궁핍 자체보다는 가난하기 때문에 싫은 사람에게 의지하지 않으면 안 되고, 가난하기 때문에 관리나 억압에 저항하지 못하고 착취당하기 때문에 고통스럽다. 상사가 아무리 보기 싫어도 이를 악물고 일해야 하고, 경멸당하고 무시당해야 하니까 고통스러운 것이다. 가난 자체의 문제가 아니라 인간관계의 문제인 것이다. 가난 때문에 자신의 위엄이 상처받는 것이 고통스러운 것이다. 반면 행복이란 상호의존, 즉 다른 사람 덕분에 사는 것이다. 사람과 사물과 일들이 모여서 내가 지금 여기 이렇게 있도록 지지해 준다는 느낌. 그런 인연에 감사하는 마음이 '행복'이라는 말에 담겨 있다. 기독교적으로 말하면 '은혜'이다. 각자 많이 벌어서 많이 사고 많이 소비하는 것이 목적이 아니라 땀 흘리며 몸을 움직여서 다른 사람의 삶을 지지해 주고 나 역시 다른 사람으로부터 지지받고 있다는 느낌. 이것이야말로 우리 삶의 든든한 안전망이고 우리를 행복하게 해주는 것이다.

물질적 풍요를 최우선시하고 타이타닉 현실주의가 판치는 세상에서 물질적 가난은 불행이다. 경제성장을 최우선시하는 사회에서 물질적 가난은 고립과 굴종, 인간관계의 파탄을 가져온다. 그러나 진정한 행복을 추구하는 사회, 재미를 추구하는 사회에서 가난은 우정의 기초이다. 가난은 다른 사람을 필요로 하게 만든다. 물질적 가난은 내가 다른 사람에게 의지해야만, 다른 누군가의 덕분으로만 살아갈 수 있다는 사실을 깨닫게 한다. 내가 살아 있는 것은 누군가의 덕분이다. 누군가의 은혜 때문이다. 그 누군가는 가깝고 먼 친구들일 것이다. 은혜란 이렇게 인간이 관계적 존재라는 것의 한 표현이다. 인간은 결코 단독자로는 존재할 수 없는데, 마치 단독자로 존재할 수 있는 것처럼 가정하고 원자화 된 인간들이 싸우게 만드는 것이 경제성장주의 사회이다. 인간을 관계적으로 이해할 때 공생의 논리와 철학이 나온다.

덕이 도달할 수 있는 최고의 정점을 동서양 모두 우정이라고 보았다. 아리스토텔레스는 이성에 따라 적극적으로 살아갈 때 얻어지는 행복을 우정이라고 했다. 그는 세 가지 우정을 이야기했다. 쾌락에 바탕을 둔 우정, 유용성에 바탕을 둔 우정, 덕에 바탕을 둔 우정이 그것이다. 아리스토텔레스는 덕에 바탕을 둔 우정만이 가치 있고 지속가능한 우정이라고 했다. 덕 있는 행동을 기꺼이, 자발적으로 할 용의가 되어 있는 사람들의 우정이 최고의 우정이라는 것이다. 여기서 덕은 좋은 일을 행할 수 있는 습관적인 성향을 말한다. 그리고 이 덕은 공동체에 의해서 함양된다. 지속가능한 우정 없이 인간은 참다운 행복에 이를 수 없다.

  기술이든, 물질적 풍요든 그것은 인간에게 어느 정도 필요한 것이다. 그러나 이반 일리치의 말대로 기술이든 풍요든 한계를 넘어가면 인간을 억압한다. 우리를 편리하게 해주는 기술이 어느 수준을 넘어서면 우리를 불편하게 한다. 지금 인류가 누리는 부의 수준이 그렇다. 한계를 넘어선 풍요, 한계를 넘어선 기술, 테크놀로지는 '삶의 기술'을 축소시킨다. 넘치는 풍요 때문에 우정을 잃어버린 우리에게 진정 필요한 것은 검소함이다. 그래서 아리스토텔레스와 아퀴나스에게 가난과 검소는 우정의 기초였던 것이다. 아퀴나스는 《신학대전》에서 가난은 즐거운 것이라 했다. 공생공락, 함께 살고 함께 기뻐하는 삶, 우정의 토대는 가난이다. 예수는 자신이 살아가던 1세기 유대 사회의 수많은 고정관념을 뒤집어엎었지만 가장 통쾌한 것은 "가난한 자는 행복하다"는 말이다. 예수는 누가복음에서 "가난한 자는 행복하다. 장차 부자가 될 것이니까"라고 말하지 않았다. 가난한 자는 가난하기 때문에 행복하다고 말한 것이다. 어째서 그런가? 아마 행간의 여백을 채워 넣는다면 이런 말일 것이다. 가난한 자는 행복하다. "가난한 자에게는 사랑하는 친구가 있으니까."

  경제성장이 멈춘 이 시대에 공생공빈의 우정 있는 삶만이 우리를 행복으로 이끌 것이다. 이러한 생각을 가지고 우리의 학교교육을 돌아보면 교육 자체가 붕괴되고, 불가능한 상황임을 확인하게 된다. 아마도 경쟁주의적인 교육방식이 시효를 다했음을 말하는 증거일 것이다. 진정

참사람 됨의 인성교육

한 행복을 위한 교육을 생각할 때 현재의 학교교육은 그 근거 자체가 흔들린다. 학교교육을 넘어서 삶을 근본에서부터 변화시킬 새로운 교육의 틀이 필요하다. 교육 자체가 하나의 사회운동이 되어 사회를 개혁해 나가고 진정한 행복에 대한 공감을 확산시켜 가야 한다.

좋은 교육으로 가는 길에서 국가주도의 관료주의적 교육은 최대의 장애물이다. 행복을 추구하는 교육은 국가주도 교육을 거슬러 우리 사회에 민주주의를 정착시키는 대항교육이 되어야 한다. 자치와 자율은 대항교육, 좋은 교육의 목표이자 방안이 될 수 있을 것이다. 무너져 가는 농촌과 마을 기반의 물적·인적 자원을 활용하는 것 역시 중요하리라고 생각된다. 몇 명 이하의 학교는 폐쇄시킨다는 기준을 획일적으로 적용할 것이 아니라 농어촌의 작은 학교를 살리고, 지역의 평생학습 체계와 연계하여 학교 밖 교육을 활성화시킨다면, 자신이 속한 지역에서의 삶에 대한 새로운 의욕을 불러일으킬 수 있을 것이다.[11] 이러한 운동을 해나가는 데 지역의 교회가 견인차 역할을 할 수 있다면 교회 자체도 그러한 활동을 통해 활력을 얻게 되지 않을까 생각한다. 그리고 지역에서의 이러한 순환작용을 통해 학교 교육도 서로를 격려하고 지지하는 좋은 교육으로 변화되기를 기대할 수 있을 것이다.

11_ 김은희, '교육의 판을 다시 짜자', 《숨통이 트인다 ― 녹색 당신의 한 수》, 포도밭출판사, 2015, 186~193면.

결언

왜 씨올사상인가
— 주체성과 전체성의 인성교육

씨올사상은 참 사람을 만드는 인성교육의 철학이다. 참 사람은 인간의 본성과 목적을 실현하고 완성하는 사람이며 내가 나다운 나(주체)로 되면서 전체(나라, 인류, 하늘)의 자리에서 사랑(공동선)과 정의(공공성)를 실현하는 인간이다. 인성교육은 인간과 인성을 내적 주체의 깊이에서 전체로 이해하고 인성의 모든 측면과 차원을 실현하고 완성함으로써 민주적이고 과학적이며 국가를 넘어 세계평화를 실현하는 인물로 만드는 교육이다.

▪ 박재순

서울대학교 문리대에서 철학을 전공하고 한신대에서 신학을 공부한 후 한신대, 성공회대에서 연구교수와 겸임교수로 가르쳤다. 1970년대 중반부터 함석헌 선생을 만나 성경과 동양고전을 배우고 씨올사상을 공부했다. 1980년대 안병무박사의 한국신학연구소에서 번역실장으로 국제성서주석을 번역하였다. 민중신학과 생명신학을 탐구하였으며 주체의 깊이와 자유에서 전체의 하나 됨에 이르는 생명철학으로서 씨올사상을 정립하기 위해 힘썼다. 함석헌기념사업회 씨올사상연구회 초대회장을 지내고 씨올재단을 설립하여 상임이사로 일했으며 현재는 씨올사상연구소장으로서 한국근현대의 정신과 철학으로서 씨올사상을 다듬어내는 일에 애를 쓰고 있다. 저서로 《생명의 길, 사람의 길》, 《삼일운동의 정신과 철학》(이상 홍성사) 등이 있다.

사람이 사람노릇을 하며 사람답게 살려면 학교에서 사람교육을 해야 하는데 학교에서 사람교육을 제대로 못하고 있다. 전 세계가 학교교육의 위기와 문제를 심각하게 느끼면서 대안을 찾고 있다. 과학기술 문명과 사회는 급속히 발전하고 변해 가는데 학교교육은 문명과 사회의 발달속도를 따라가지 못하기 때문에 교육의 위기가 왔다. 학교교육에만 의존하지 말고 사회 전체가 학습하는 사회가 되어야 하고 평생교육을 받는 교육체제가 마련되어야 한다. 산업화와 민주화를 빠른 시기에 이룩한 한국의 교육은 더욱 심각하고 어려운 위기상황을 맞고 있다. 학업성적은 세계 1, 2위인데 사회공감능력과 행복지수는 세계 꼴찌다. 학교교육의 위기상황을 보다 못한 국회는 인성교육진흥법을 제정하여 초 중 고등학교에서 인성교육을 의무화하였다. 인성교육을 법적으로 강제하는 것이 효과가 있을지 의문이다. 그러나 인성교육을 제대로 진지하게 해야 한다는 것은 분명하다.

　인성교육을 제대로 하려면 인간이 어떤 존재이고 인성이 어떤 것인지 알아야 할 것이다. 그러나 이제까지 나온 인성교육 관련 책들을 읽어 보아도 인간과 인성에 대해서는 제대로 정리된 대목을 찾아볼 수 없다. 유교, 불교, 도교, 기독교와 관련해서 인간과 인성을 설명하기도 하고 플라톤과 아리스토텔레스, 칸트 철학에서 인간과 인성을 어떻게 보는지 소개하고 있지만 21세기 오늘의 문명과 사회에서 인간과 인성을 깊이 있고 전체적으로 이해하고 설명하는 글은 찾아볼 수 없다. 오늘날 우주물리학, 생명진화론, 생명공학, 뇌신경학은 인간과 인성에 대해서 새롭고 놀라운 지식을 알려 주고 있다. 민주화, 과학기술산업화, 세계화가 동시에 진행되는 오늘의 현실은 인간과 인성에 대한 새롭고 통합적인 이해와 성찰을 요구한다.

우주물리학에 따르면 우주에서 처음 별들이 생겨날 때 생성된 물질들의 원소들과 사람 몸의 물질적 원소들이 같다. 별들이 탄생할 때 생겨난 물질들에서 지구가 만들어졌고 지구의 물질에서 생명이 생겨났고 생명이 진화하여 사람의 몸이 만들어졌다. 그래서 사람의 몸에는 우주의 나이테가 새겨져 있다고 한다. 생명공학과 생명진화론과 뇌신경학은 사람의 몸과 맘속에 생명진화의 역사가 압축되어 있다고 한다. 인간의 세포와 유전자와 뇌에는 38억 년 생명진화의 역사가 압축되어 있다. 인간의 몸과 맘에는 2백만 년 인류역사가 새겨져 있고, 5천 년 민족사가 살아 있다. 우주역사, 생명진화의 역사, 인류역사, 민족문화의 큰 역사(Big History) 속에서 인간과 인성은 형성되었다. 인간과 인성은 우주역사와 생명진화의 역사 꼭대기에 핀 꽃이고 열매다. 인간과 인성을 제대로 이해하려면 이러한 큰 역사의 틀에서 이해해야 한다.

처음에 사람은 자연만물과 생물들에서 영원한 생명과 신성한 힘을 발견하려고 했다. 국가사회가 발전하자 사람은 국가권력(왕)과 국가사회에서 영원한 생명과 신성한 힘을 발견하려고 했다. 국가사회가 강성해져서 억압과 수탈이 강화되고 정복전쟁으로 치닫게 되었을 때 지금부터 2,500년 전쯤 세계 도저에서 거의 같은 시기에 성현들이 나타나 높은 종교와 새로운 철학을 제시하였다. 이 시기에 나타난 성현들의 가르침이 인류역사를 심화시키고 방향을 전환시켰다고 해서 이 시기를 기축(基軸)시대라고 한다.

공자, 노자, 석가, 소크라테스, 예레미야, 예수가 기축시대의 대표적인 성현들이다. 이들은 모두 인성(人性)인 지성과 영성에서 영원한 생명과 불멸의 가치를 발견했다. 주체의 깊이와 자유에서 전체의 하나 됨과 보편적 진리에 이르렀다. 개인의 주체적 진리는 전체의 보편적 진리와 통했다. 기축시대의 주체적이고 보편 전체적인 윤리는 '내가 싫어하는 것을 남에게 하지 마라'는 황금률(黃金律)로 표현되었다. '나'의 주체

참사람 됨의 인성교육

의 깊이에서 '남'의 주체의 깊이를 이해할 수 있게 된 것이다. 나와 남을 서로 주체로 보게 된 것이며 서로 입장을 바꿔 생각할 수 있게 된 것이다. 기축시대의 성현들이 체험적으로 깨달은 이러한 진리는 생명진화와 인류역사를 통해 드러난 생명과 인간의 길을 밝히 드러낸 것이다. 저마다 주체의 깊이와 자유에서, 나는 나답게 너는 너답게 살면서 전체의 하나 됨에 이르는 것이 생명진화와 인류역사에서 드러난 생명의 길이고 인간의 길이다.

기축시대 성현들의 깨달음에서 유불도와 기독교 같은 고등종교와 그리스의 과학적 이성철학이 생겨났다. 그러나 이 시대의 종교와 철학은 사회-역사적 제약과 과학적 지식의 제약 때문에 제대로 표현되지 못했고 온전히 실천되지도 못했다. 신분적 계급과 국가적 지배체제와 비과학적 미신이 지배하는 사회에서 기축시대의 성현들이 깨달은 진리 자체가 온전할 수 없었고 그 진리가 온전히 전달되고 실현될 수 없었다. 21세기 오늘의 시대는 신분적 계급과 차별이 철폐된 민주시대이고 국가와 민족의 경계를 넘어서 세계정의와 평화가 실현되는 시대이며 미신적 사고를 벗어나서 과학적·이성적 사고가 지배하는 시대다. 민주화와 과학기술화와 세계화가 동시에 이루어지는 오늘의 시대는 기축시대 성현들이 체득한 종교와 철학의 진리를 온전히 드러내고 실현할 수 있는 시대다. 오늘 우리 시대야말로 생명진화와 인류역사를 통해 드러난 생명의 길과 인류의 길을 확실하고 뚜렷하게 드러내고 실현할 수 있는 시대다.

오늘 우리의 시대에 동서고금의 정신과 문화, 철학과 종교, 지성과 영성이 합류하고 융합하고 있다. 동서고금의 종교와 철학에서 잘못된 부분과 낡은 껍질을 벗겨 내고 모자라고 부족한 부분을 채워서 생명의 길과 인간의 길을, 생명과 인간의 주체와 전체를 온전히 드러내고 실현하는 참된 진리와 영성의 철학과 믿음에 이르러야 한다.

동양의 종교들인 유교, 도교, 힌두교, 불교는 자연 생명세계 전체의 법칙과 질서에 순응하는 농업적 사회질서에서 생겨났으므로 개인의 주체와 전체 생명의 일치와 조화를 전제하고 추구하였다. 유교는 인간의 본성과 하늘(자연생명세계)의 본성이 일치한다고 보고 천인합일이 이루어지는 인간의 덕성 인의(仁義)를 바탕으로 조화롭고 원만한 사회질서와 관계를 형성하려고 했다. 봉건왕조사회에서 형성된 유교는 개인의 주체적 자유를 봉건사회의 위계질서와 가치체계에 제약시키는 경향이 있었다. 도교는 봉건사회의 위계질서와 가치도덕 체계에 매이지 않고 자연생명세계와 하나로 되는 무위자연(無爲自然)의 자유로운 삶을 추구했으나 대자연의 삶에 순응하는 삶을 강조함으로써 역사와 사회를 변혁하고 창조하는 인간의 능동적 주체성을 약화시키는 경향이 있었다.

인도의 원주민들을 정복한 아리안 족의 국가문명에서 형성된 브라만교와 힌두교는 개인의 영혼 아트만과 우주의 신 브라만의 일치를 전제하고 인간의 정신과 의식을 신에게까지 고양시키려 하였다. 이들은 나와 우주의 신이 하나라는 범아일여(梵我一如)를 내세웠으나 계급신분질서인 카스트제도를 타파하지 못하고 오히려 정당화하고 강화시키는 경향이 있었다. 신분질서와 차별에 근거한 국가문명이 강성해지고 정복전쟁으로 치닫게 되자 석가는 국가문명의 신분질서와 정복전쟁의 토대가 되는 인간의 탐욕과 분노와 어리석음을 멸하고 자비와 평등의 세계를 이루려고 했다. 우주 신과 하나라고 생각한 인간의 자아기 사회적 신분차별과 국가폭력의 토대와 근원이라고 생각한 석가는 범아일여의 사상을 거부하고 '내'가 없다는 무아(無我)사상을 주장하였다. '나'를 부정함으로써 자비와 평등의 세계로 나아갈 수 있다고 본 것이다. 그러나 석가의 가르침인 불교는 생명이 자라고 새로워질 수 있다는 점을 충분히 생각하지 못하고 역사와 사회의 진보를 적극적으로 생각하지 않았던 것 같다.

기독교는 로마의 식민지였던 유대 나라의 농촌 청년 예수가 이스라엘(히브리)의 신앙과 역사를 바탕으로 하나님 나라 운동을 펼침으로써 생겨난 종교다. 이스라엘 역사는 이집트의 종살이에서 예수 시대의 식민지 생활에 이르기까지 강대국의 불의한 지배와 수탈 속에서 하나님의 구원과 평화를 갈망하고 실현하려 했던 신앙의 역사였다. 불의와 폭력이 지배하는 역사 속에서 이스라엘 사람들은 하나님의 생명과 사랑, 평화와 정의를 믿고 기다렸다. 현실 속에서 억눌리고 짓밟힌 이스라엘 민중, 실패와 패배, 좌절과 절망 속에 사는 가난하고 힘없고 못난 민중에게 하나님은 생명과 사랑, 정의와 평화가 넘치는 분이었다. 힘없고 못난 죄인들에게 하나님은 조건 없이 생명과 사랑, 정의와 평화, 구원과 사귐을 베푸는 이였다. 이들에게 하나님은 생명과 존재의 흘러넘치는 아가페 사랑이었다. 예수는 하나님의 아가페 사랑에 근거해서 가난하고 힘없는 죄인들인 민중이 하나님의 자녀임을 선언하고 하나님의 딸과 아들로서 서로 주체로서 서로 위하며 더불어 사는 하나님 나라를 선포하고 이루려고 하였다.

예수가 선언한 하나님과 하나님 나라는 불의한 강대국이 지배하는 역사와 현실에서 불의한 세력과 맞설 뿐 아니라 그 불의한 세력에 힘없이 짓밟히는 민중과도 거리가 먼 존재이고 현실이었다. 인간과 신 사이에 넘기 어려운 간격과 거리가 있었고, 오늘의 역사와 하나님 나라 사이에 긴장과 갈등이 있었다. 오직 믿음 속에서 하나님은 민중과 가까이 계셨다. 여기서 힘없는 민중은 새 나라와 새 역사에 이르기 위해서 겸허히 하나님을 믿고 기다리는 존재로 나타난다. 역사의 심판과 변혁이 강조되고 기대되지만 역사를 심판하고 변혁하는 주체는 하나님이다. 여기서 민중은 스스로 생각하는 이성적 주체로서 나타나지 않고 불의한 역사와 사회를 스스로 개혁하고 새롭게 하는 진보적 주체로 강조되지도 않는다. 하나님의 흘러넘치는 사랑과 정의가 가난하고 힘없는, 못난 죄인들을 자유와 평등의 나라로 이끈다.

고대 그리스 사회에서는 봉건왕조체제가 전복되고 오랜 세월 혼란과 무질서의 무정부 상태가 지속되었다. 이런 혼란과 무질서 속에서 세력을 가진 엘리트 귀족들과 농민세력이 현실적인 타협과 절충 속에서 동맹을 맺음으로써 민주적인 도시국가들을 탄생시켰다. 서로 타협하고 절충하는 정치현실에서는 서로 합의하고 협력하기 위해서 합리적이고 이성적인 대화와 토론이 권장되었으며 이런 상황에서 그리스의 이성철학이 형성되었다.

그리스의 건국신화에 따르면 그리스인들은 하늘을 거세하고 전복함으로써 나라를 세웠다. 하늘을 제거한 그리스인들은 초월적 영성의 차원이 없는 에로스와 로고스의 철학을 형성했다. 에로스는 내게 없거나 부족한 것에 대한 갈망과 욕구다. 원초적이고 본능적인 욕구와 갈망뿐 아니라 진선미(眞善美)에 대한 형이상학적 욕구와 갈망도 나의 생명과 정신에 결여된 것에 대한 욕구와 갈망이다. 로고스는 계산하고 헤아리는 것이고 말과 개념, 논리와 이치로 이해하고 설명하는 것이다. 로고스의 철학은 수학과 기하학의 계산과 법칙, 논리와 개념에 근거한 철학이다. 그리스인들은 우주, 국가, 인간의 본성을 로고스로 보고 로고스적 이념과 질서를 실현하려고 했다. 사물, 생명, 인간, 정신의 로고스적 이념인 이데아와 형상은 존재와 생명의 고정된 실제이며 영원불멸한 것이다. 구체적인 사물들과 생명체들은 이데아와 형상을 모방한 것이며 일시적이고 소멸할 것으로 여겨졌다. 로고스적 이데아와 형상은 물질적 현상을 넘어선 존재의 깊이와 높이를 드러내지만 존재와 생명의 주체와 전체를 나타내지는 못한다. 그것은 생명진화의 역동적 변화와 갱신, 고양과 향상을 나타내지도 못한다. 이데아와 형상은 수학과 기하학에서 볼 수 있는, 생명의 진화와 창조, 변화와 갱신을 모르는 관념적 진리의 세계를 나타낼 뿐이다.

그리스 철학은 고상한 도덕철학을 추구하고 현실을 분석하고 비판하며 객관적이고 보편적인 진리를 탐구했다. 그러나 그리스의 철학에는 생명과 존재의 흘러넘치는 아가페 사랑이 없으며, 불의한 역사와 사회를 혁명하고 창조하는 의지가 부족했다. 이민족과의 전쟁에서 승리한 도시국가들은 수많은 노예들을 거느리는 제국주의 국가였다. 에로스와

참사람 됨의 인성교육

로고스에 기초한 그리스 철학은 이민족과 노예를 자유롭고 평등한 주체와 목적으로 볼 수 없었다.

칸트는 서구 계몽주의 근대의 정신과 이념을 완성한 철학자다. 그는 인간을 이성적 주체로 보고 인간의 인간다운 본성을 이성으로 보았다. 그는 인간이성의 인식론적 한계를 지적했지만 인간의 본성을 이성으로 파악하고 이성적 주체인 인간을 자유롭고 도덕적인 존재로 이해했다. 스스로 생각하고 판단하고 자기 행동의 기준과 법칙을 스스로 제정할 수 있는 이성능력을 가진 인간은 수단과 도구가 아니라 주체와 목적으로서 존엄한 존재로 존중되어야 한다.

칸트가 이성적 인간을 주체와 목적으로 대해야 한다고 주장했지만 인식주체인 이성은 사물과 생명을 그 자체로서 주체와 전체로서 보지 못하고 현상과 부분만을 인식할 뿐이다. 인식주체인 이성은 늘 인식대상을 대상화·타자화하며 부분적으로 분석해서 보기 때문에 사물과 생명의 주체적 깊이와 전체를 볼 수 없다. 칸트 철학에서는 인간을 현상적이고 부분적으로 대상화하고 타자화하는 인식주체로서의 인간이성과 인간을 주체와 목적으로 존엄한 존재로 대하라는 실천이성 사이에 긴장과 불일치가 있다. 또한 인간을 철저히 이성적 존재로만 파악한 칸트 철학은 생리적 본능과 욕구를 지닌 인간의 몸과 감정, 인간의 주체와 전체를 실현하고 완성하려는 인간의 영성과 신성을 무시하거나 외면하였다.

오늘 우리는 민주화, 산업과학기술화, 지구화가 함께 이루어지는 시대에 살고 있다. 동서고금의 사상과 정신이 서로 만나고 융합하면서 새로운 사상과 정신의 세계를 열고 있다. 기축시대 성현들의 깨달음과 지혜를 이어받으면서 크게 한 걸음 더 나아가야 한다. 우리는 우주와 물질, 생명과 인간, 기계기술과 지식에 대해서 기축시대 성현들이 몰랐던 많은 지식과 정보를 알고 있다. 지난 2,500년 동안 인류는 역사의 진보를 이루고 사회의 변화를 경험했다. 세계가 하나로 되고 민주주의가 이루어지고 과학과 학문이 지배하는 세상에서 우리는 새로운 정신과 철학을 가져야 한다.

동서문명이 합류하고 민중의 주체적 자각운동이 일어난 한국의 근현대 역사 속에서 생겨난 씨올사상은 동서의 정신과 사상을 아우르고 민의 주체적 자각을 추구하는 민주생활철학이다. 인간을 생명진화와 인류역사의 씨올로 파악한 씨올사상은 땅의 물질에서 생의 본능과 감정, 의식과 지성을 거쳐 하늘의 영에 이르는 역동적이고 종합적인 사상이다. 자연만물과 인간역사와 신적 세계를 아우르는 대종합의 사상이며, 스스로 하는 주체의 깊이와 자유를 추구하는 실존적이고 영적인 철학이다.

씨올 사상은 유교와 도교와 힌두교처럼 주체와 전체를 동일시하는 천인합일과 범아일여의 대종합을 추구하면서도 이들과는 달리 주체의 부정과 변화, 고양과 쇄신을 통해서 전체와 하나로 되어가는 과정을 강조한다. 불교는 본능과 원초적 생명 의지의 탐진치를 멸하고 공(空)의 세계에서 자비와 평등의 세계를 추구한다. 씨올사상도 불교처럼 몸과 맘의 욕망과 충동을 넘어서 빔과 없음의 하늘에서 주체의 자유와 전체의 일치에 이르려 한다. 그러나 '내'가 없다고 선언하는 불교와는 달리 씨올사상은 '나'를 새롭게 하여 전체의 큰 나에 이르려 한다. 탐진치의 욕망과 감정을 살려서 성화하고 고양시켜 하늘에 닿게 하고 인간의 몸과 맘속에서 빔과 없음의 하늘을 열어 자유와 평등의 세계를 열려고 한다.

씨올사상은 그리스철학처럼 스스로 생각하는 이성을 중심에 두고 강조한다. 그러나 에로스와 로고스의 사유에 머물렀던 그리스철학과는 달리 스스로 하는 생명의 주체와 전체를 강조한 씨올사상은 절망과 죽음을 넘어서 끊임없이 솟아나는 생명의 힘과 흘러넘치는 사랑을 말한다. 하늘을 잃은 그리스철학과는 달리 씨올사상은 주체의 깊이와 자유에서 전체의 하나 됨(자유와 평등)에 이르는 하늘의 빔과 없음의 신령한 세계를 추구한다.

인간을 이성적 주체로 보고 인간의 존엄을 말하고 자율적 인간을 수

참사람 됨의 인성교육

단과 도구로 대하지 말고 목적으로 대하라는 숭고한 도덕을 내세운 칸트처럼 씨올사상도 인간을 이성적 주체로 보고 사유와 행동의 주체로 높인다. 그러나 인간과 인성을 이성으로 좁힌 칸트와는 달리 씨올사상은 인간을 몸의 본능과 욕망, 맘의 감정과 의식, 지성과 영성을 가진 종합적인 존재로 보고 욕망과 감정도 주체와 전체의 차원을 지닌 것으로 보며 이성과 영성을 통합하는 생명철학을 제시한다. 씨올사상은 몸이 성하고 맘이 놓이고 얼과 뜻이 타오르게 하는 사상이다.

씨올사상은 참 사람을 만드는 인성교육의 철학이다. 참 사람은 인간의 본성과 목적을 실현하고 완성하는 사람이며 내가 나다운 나(주체)로 되면서 전체(나라, 인류, 하늘)의 자리에서 사랑(공동선)과 정의(공공성)를 실현하는 인간이다. 인성교육은 인간과 인성을 내적 주체의 깊이에서 전체로 이해하고 인성의 모든 측면과 차원을 실현하고 완성함으로써 민주적이고 과학적이며 국가를 넘어 세계평화를 실현하는 인물로 만드는 교육이다. 씨올사상은 인간을 자연생명, 사회역사, 신의 씨올(알맹이 알짬)로 보고 인간의 본성인 감성과 지성과 영성의 씨올을 싹틔우고 꽃피고 열매 맺도록 하는 철학이다. 낡은 교리와 신화의 독단에서 벗어나 맑은 지성과 깊은 영성을 추구하는 씨올사상은 인성을 온전히 실현하고 완성함으로써 참 사람, 알짜 사람이 되어 참 나로 살게 하고 자연생명과 나라와 인류의 본성과 목적을 실현하고 완성하도록 이끄는 사상이다.

참사람 됨의 인성교육
Education for True Human Being

2017. 1. 17. 초판 1쇄 인쇄
2017. 1. 23. 초판 1쇄 발행

지은이 고춘식 이종재 박병구 박재순 신용인
임세영 김명수 박경미
펴낸이 정애주
국효숙 김기민 김의연 김준표 김진원 박세정
송승호 오민택 오형탁 윤진숙 이한별 임승철
임진아 정성혜 조주영 차길환 한미영 허은
펴낸곳 주식회사 홍성사
등록번호 제1-499호 1977. 8. 1.
주소 (04084) 서울시 마포구 양화진4길 3
전화 02) 333-5161
팩스 02) 333-5165
홈페이지 www.hsbooks.com
이메일 hsbooks@hsbooks.com
페이스북 facebook.com/hongsungsa
양화진책방 02) 333-5163

ⓒ 박재순 외 7인, 2017

ISBN 978-89-365-1215-6 (93190)